ビジネスリーダーが学んでいる

# 会計&ファイナンス

日沖 健
［著］

第2版

A&F

Accounting　Finance

中央経済社

# 第2版の刊行にあたって

2015年３月に刊行されて以来，本書を多数の読者にお読みいただきました。とりわけ，多くの企業の会計・財務研修のテキストに採用され，ビジネスリーダーを目指す皆さんに本書で会計＆ファイナンスの基本を学んでいただきました。ありがとうございます。

初版の刊行から７年が経ち，今回，第２版を刊行することになりました。章立てや基本的な説明は初版と大きく変わりませんが，その後の経営環境の変化や読者の皆さんからいただいた改善要望を踏まえて，よりアップデートでわかりやすい内容に改訂しています。

この７年間，日本企業の経営環境は大きく変化しました。2020年から続く新型コロナウイルス感染症がなかなか終息しません。世界的にはSDGs，とりわけ脱炭素化の要請が強まっています。人口減少による市場縮小・人手不足やグローバル競争の激化は，引き続き企業にとって重大な脅威です。こうした変化に対応し，日本企業は，事業構造改革，DX（デジタルトランスフォーメーション），働き方改革などを進めています。

ここで考えなければならないのは，ビジネスリーダーが行う経営の意思決定がどんどん難しくなっていることです。

2021年にデジタル庁が設置されるなど，いま官民挙げてデジタル化が進められており，ビジネスリーダーの意思決定をAIが強力に支援するようになっています。ところが，それ以上の勢いで市場・競争が変化し，事業・組織の課題が複雑化しているということでしょう。

さらにもう１つ確認しておきたいのは，近年，意思決定の基本構造が大きく変わっていることです。

人口が増え，市場が拡大していた頃は，A and B（Aに加えてBをやる）という意思決定が主流でした。たとえば，「本業の倉庫事業に加えて，新たに不動産事業を始めるべきか？」という意思決定です。

A and Bでは，意思決定に対する抵抗はさほどありません。本業の倉庫事業の関係者は決定に反対しないので，純粋に不動産事業が利益をもたらすかどうかを評価すれば良く，割と容易に意思決定することができます。

ところが，人口が減り，市場が縮小する時代になると，A or B（AかBのどちらかをやる）という意思決定が増えてきます。またAとBの「どちらが良いか？」ではなく，「どちらがマシか？」という選択になりがちです。たとえば，「赤字を減らすために，若手の給料を下げるべきか，中高年をリストラするべきか？」という意思決定です。

A or Bでは，選ばれなかったほうに不利益が及びます。若手と中高年の利害が対立するので，利害を調整し，意思決定するのが難しくなります。「確実にどちらかに批判される」「どちらを選んでも赤字」というのは，ビジネスリーダーにとって気乗りのしない意思決定です。

このように意思決定の難易度が上がり，ビジネスリーダーにはますます高度な意思決定スキルが求められています。

もちろん，難易度が上がっても，現状を分析し，選択肢（解決策）を考え，評価し，選択するという，意思決定の基本的な作業は変わりません。会計データを使って経営状態を分析し，選択肢を定量的に評価するという本書で紹介するスキルは，ますます重要になっています。

本書によって読者の皆さんが，的確な意思決定ができるようになること，それによってビジネスリーダーとして活躍されることを期待します。

2022年５月

**日沖　健**

# はじめに

## ビジネスリーダーと会計＆ファイナンス

本書は，ビジネスリーダーを目指す読者を対象に，会計とファイナンスの基本を一体で学んでいただく入門書です。

近年，グローバル化・IT化・少子高齢化・地球環境問題など企業を取り巻く環境が大きく変化し，競争が厳しくなっています。それにつれて，企業・事業が進む方向性を決め，組織をけん引するビジネスリーダーの役割が重要になっています。優れたビジネスリーダーの指導力によって短期間で飛躍する企業もあれば，逆に不適切な指導やリーダー不在で伝統ある大企業でもあっという間に凋落してしまうこともあります。

ビジネスリーダーとして活躍するには，経営戦略・マーケティング・人的資源管理など，幅広い経営知識を身に付け，活用する必要があります。その中でも，重要性が高まっている一方，多くのビジネスリーダーが苦手にしているのが，本書で扱う会計とファイナンスです。

会計＆ファイナンスと聞いて，次のような否定的な反応をする方がいらっしゃるかもしれません。

「自分は数字のことはわからないが，得意の設計技術で十分に貢献できているから問題ないじゃないか」

「"餅は餅屋"だから，お金のことは，会計・財務部門の専門家に任せておくべきじゃないか」

たしかに，職場でオペレーションを担う一般従業員や中間管理職なら，担当分野の専門知識があれば十分に業務をこなし，組織に貢献することができます。

しかし，経営者・事業責任者といったビジネスリーダーとして事業をけん引するには，数字で経営状態を把握し，数字を使って意思決定をし，数値を使って業績管理をすることが要求されます。出身部門に関係なく，会計＆ファイナンスを理解する必要があります。

## 本書の特徴

会計とファイナンスの領域では，山ほど書籍が刊行されています。それらと比較した本書の特徴は，以下の２点です。

第１の，そして本書の最大の特徴は，会計＆ファイナンスの重要ポイントを１冊で網羅していることです。

会計＆ファイナンスのそれぞれの分野には良書がたくさんありますが，１冊で両方を学べる書籍は意外と見当たりません。その理由は，書き手の側にあります。会計士・税理士などの会計の専門家と，金融市場関係者などのファイナンスの専門家が異なるからです。しかし，読者からすると，会計とファイナンスを分けて学ぶことにそれほど意味はありません。本書は，ビジネスのプロセスに沿った構成で，「会計とファイナンスの両方を一体で学びたい」という読者のニーズに応えます。

２つ目の特徴は，細かい「知識」や財務諸表の「作り方」よりも，ビジネスリーダーに必要な「考え方」とビジネスでの「使い方」を重点的に解説していることです。会計＆ファイナンスの領域には，会計士・税理士をはじめ社内外に専門家がいます。細かい知識や財務諸表の作成といった作業は，そうした専門家に任せれば良いわけで，ビジネスリーダーに必要なのは，戦略を決め，組織メンバーを率いたりする場面で，数字を使うことです。本書は，マネジメントにおいて数字を使うというニーズに応えます。

著者は，日本石油（現・ENEOS）の会計部門・財務部門・経営企画部門・IR部門に勤務し，米国のMBAでグローバル標準の会計とファイナンスを学び，現在は経営コンサルタントとして活動するとともに，社会人大学院や企業研修の講師としてビジネスリーダー養成に携わっています。著者のこうした経験・知見を活かして，ビジネスで使える会計＆ファイナンスのポイントをわかりやすく解説します。

また，入門書ではありますが，CCC，リアルオプション，事業撤退の判断など，従来の類書ではあまり扱われていないものの，ビジネスの現場で重要になっている新しい概念・領域も扱います。

## 対象読者はビジネスリーダーを目指す方

本書の対象読者は，将来ビジネスリーダーとして活躍することを目指す若手・中堅のビジネスパーソンです。ここでビジネスリーダーとは，経営者・事業責任者といった企業・事業を主導する立場の方とお考えください。

著者は産業能率大学・マネジメント大学院の講師として，夜間MBAコースでこうした人たちに教えています。夜間MBAコースのような学習機会のない全国の多くのビジネスパーソンにも，本書で自習していただければと思います。

また，すでに経営者・事業責任者などの立場にある40代から50代の方にも，ぜひお読みいただきたいと思います。部下の前では口に出さないものの，「若い頃に会計＆ファイナンスをちゃんと勉強しておけばよかった……」と後悔している方は多いのではないでしょうか。

なお，この分野には，会社内には経理・財務部門の社員が，社外には会計士・税理士・金融市場関係者といったプロフェッショナルがいますが，そういう専門家の方は対象読者ではありません。

また，少し以前に流行った，いわゆる“会計本”と違い，「さわりだけちょっと触れておきたい」という超ライトなニーズの方も対象としていません。

## 各章の概要

各章の概要を簡単に紹介しておきます。

**第１章**では，本書の導入として会計＆ファイナンスの全体像をお伝えします。企業の事業活動がどのようなプロセスで運営され，経営者・マネジャーがどのような役割を果たしているのか，またそのプロセスに会計＆ファイナンスがどうかかわっているのか，といった論点を検討します。また，企業と利害関係者の関係を整理し，資本主義社会における企業の役割についても考えます。

第２章では，財務諸表分析を学びます。事業の戦略・計画を策定するにあたり，まず事業の特徴や経営状態を把握します。経営成績を表す損益計算書や財政状態を表す貸借対照表を使って収益性・安全性・生産性など経営状態を分析し，事業の特徴・問題点を明らかにします。

第３章では，損益分岐点分析（CVP分析）や事業計画を学びます。環境分析に基づき，経営戦略・事業計画を策定します。利益がゼロとなる売上高である損益分岐点を計算し，事業計画の策定やビジネスモデルの検証に役立てます。また費用構造を決定します。

第４章では，資金調達について学びます。事業活動には資金が必要で，他人からの調達である負債と株主からの調達である自己資本（純資産）で必要資金を用意します。事業のリスクに見合った低コストの調達をすることや資本コストの考え方を理解しましょう。

第５章では，設備投資の採算評価について学びます。企業が長期的に発展するためには，調達コストを上回る効果を生む投資をしてキャッシュフローを生み出す必要があります。NPV，IRRといった投資採算評価方法の考え方・計算方法・使い方を理解しましょう。

第６章では，キャッシュフローの分析とリスク管理について学びます。企業が安定的に発展するためには，効率的にキャッシュを生み出し，キャッシュフローが変動するリスクを管理する必要があります。キャッシュフロー計算書を使ってキャッシュフローの状態を分析する技法を，資金繰り表やデリバティブを使ってリスク管理をする技法を理解しましょう。

第7章では，業績評価の方法・進め方について学びます。事業を永続的に発展させるためには，業績を評価し，PDCAを回すことが大切です。予算統制の進め方，非財務面を含むたくさんの指標で評価するバランスト・スコアカードや時価ベースの評価指標であるEVAの考え方，事業継続・撤退の判断などを理解しましょう。

最後に第8章では，企業価値について考えます。資金調達方法の違いや配当政策の変更は企業価値に影響を与えるのか，M&Aで企業価値を高めるにはどうすれば良いか，といった論点を検討します。また，コーポレートガバナンスやIRについても学びます。

## 読み方・使い方

会計＆ファイナンスについてある程度基礎知識のある読者は，関心のあるところから読み始めることでも構いません。ただ，第2章から第7章は事業のプロセスに沿った記述になっていますので，最初から順番に読むことをお勧めします。

第2章以降の各章の終わりに，「ケース演習」を用意しています。読んでわかるというだけでなく，実際のビジネスの状況を記述したケースを考察することによって，理解がより深まるはずです。ぜひ手を動かして解答を考えてみてください。ケースの解説（解答ではありません）は，本書の末尾にありますので，着眼点・考え方を確認していただければと思います。

また，本書で紹介した考え方や技法を自社・自部門に当てはめて検討するヒントとして，各章の最後に「チェックポイント」を掲載しています。読んで納得するだけでなく，実際に自分自身のビジネスに当てはめることによって，確固たる実践力が身に付くはずです。ぜひ取り組んでください。

本書によって，ビジネスリーダーを志望する読者が会計・ファイナンスの重要ポイントを効果的・効率的に学習し，ビジネスリーダーとして活躍していただく一助になれば幸いです。

2015年３月

日沖　健

# 目　次

# 第1章 ビジネスを動かす会計&ファイナンス

本章のポイント　はじめに，企業の事業活動はどういう仕組みになっているのか，そこに会計&ファイナンスがどう関わっているのか，といった基本を確認しましょう。企業は資金など経営資源を調達し，それを運用して価値を生み出すという活動をしており，さまざまな利害関係者の協力・協働を引き出すのが，会計&ファイナンスの役割です。

## 1 事業活動と会計&ファイナンス

### ❖ 現代社会と企業

現代に生きる私たちにとって，企業は欠かせない存在です。ためしに，1日の生活でどれくらいの数の企業と関わっているかを数えてみてください。さらに，企業がこの世に存在しなかったら生活がどういう具合になるか考えてみてください。

多くの国民は，企業に勤務することで得られる給与・年金によって生計を立てています。朝起きてから夜寝るまで，いえ寝ている間も，無数の企業が提供する製品・サービスを利用しています。

企業が人々にとって不可欠の存在になったのは，この110年くらいの話です。すでに1600年に世界で最初の株式会社であるイギリス東インド会社が設立されていますが，それから長い間，企業はたいへん特殊な存在でした。ようやく20世紀初頭にテーラーが科学的管理法を導入して以降，先進国では企業が飛躍的に発展し，社会の中心的存在になりました。

現代に生きる私たちの生活，そして社会・経済のあり方は，企業が展開する事業活動の良し悪しに大きく左右されます。企業が良い事業活動をすれば，良い製品・サービスが生み出されます。働く人の給料や投資家の価値が増えます。社会の資源が効率的に利用されます。社会に活力が溢れます。逆に，企業が良い活動をできなければ，私たちの生活も社会・経済の状態も悪化します。

企業が良い事業活動をできるかどうかは，現代社会で最大の課題だと言えるでしょう。

### ❖ 事業活動のプロセス

では，良い事業活動とはどのようなものでしょうか。いろいろな考え方がありますが，ここでは事業活動のプロセスに沿って考えてみることにしましょう。

ある事業を展開する場合，たとえば起業家がラーメン店を始めるという場合，何からどう進めるでしょうか？

まず，経営環境の分析からスタートします。**SWOT**（Strength 強み，Weakness 弱み，Opportunity 機会，Threat 脅威）の観点から包括的に内外の状況を分析します。ラーメン店の場合，「強み」なら特徴のあるレシピ，「機会」ならラーメン・ブームなどを認識します。

次に，環境分析を踏まえて，ビジョン・目標を決め，それを実現するための経営戦略を立案します。「2040年までに日本最大のラーメン・チェーンになる」といったビジョン，「コスト・リーダーシップで優位に立つ」といった戦略を設定します。

戦略が決まったら，それを実行するための組織を編成し，ヒト・モノ・カネなど必要な経営資源を調達します。１店舗から段階的に増やすのも良いですし，最初からチェーン本部を置いて展開する方法もあります。店舗の資金を調達し，運営を担う店員を採用します。

ここまでが計画段階（Plan）で，あとは実行（Do）し，チェック（Check）・修正（Act）という流れで事業を進めます。

**図表１－１**がビジネスの標準的なプロセスです。①～④がPlan，⑤がDo，⑥

**図表１－１　事業プロセス**

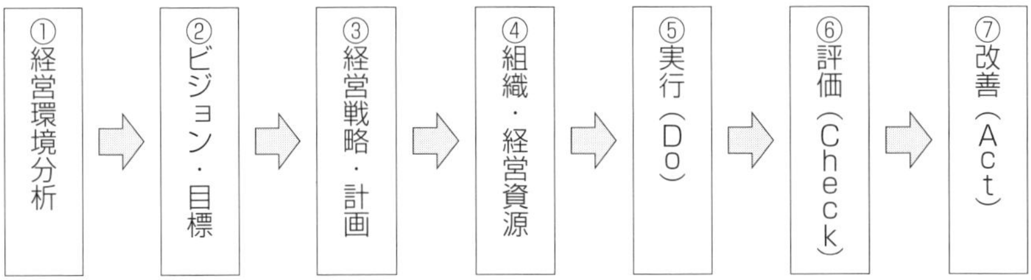


がCheck，⑦がActです。

優れた事業活動とは，以上のプロセスを効果的・効率的に進めることです。それによって企業が成長・発展し，利害関係者の価値や満足度が高まります。

### ❖カネという側面から見た事業活動

本書は，事業活動を会計&ファイナンス，つまりカネ（資金）という側面を中心に検討します。先ほど紹介した事業活動を資金の動きや数値という観点から補足すると，以下のようになります。

まず，①の経営環境を分析するとき，財務諸表から経営指標を計算して収益性・安全性などの状態を，定量的に分析します。財務諸表とは，貸借対照表・損益計算書・キャッシュフロー計算書などです。決算書とも呼ばれます。

続いて③の経営戦略と計画を策定するところでは，十分な収益をもたらすのかどうかを，数値を使って計画化します。とくに，損益分岐点を計算することでビジネスモデルの妥当性を分析したり，計画・予算を策定したりします。

そして，④ではヒト・モノ・カネと言われるように，資金を調達します。そして，⑤で設備投資を実行します。また実行の過程ではリスク管理をします。

実行した後の⑥評価では，経営指標で定量的に業績を評価します。そして，事業活動の成果である当期純利益を配当などの形で分配します。

なお，①で財務諸表を作成し，分析する作業のことを**財務会計**，③の損益分岐点分析，⑤の設備投資の採算分析，⑥の業績評価など，マネジメント活動に役立てるための会計作業を**管理会計**と言います。また④資金調達やリスク管理を**ファイナンス**と呼びます。

財務会計と管理会計の特徴などは，**図表1-2**のとおり整理できます。

**図表1-2　財務会計と管理会計**

| | 財務会計 | 管理会計 |
|---|---|---|
| 義　務 | 法律によって義務付けられ，形式まで決められている（制度会計） | 採用は任意で，企業の判断で独自の形式で行うことができる |
| 目　的 | 財務報告書を作成し，全社の財政状態と経営成績を知る | 全社のみならず，部門や商品別など部分の状況を把握する |
| 性　格 | 経営状態を正確に表現することが求められる | 正確さよりも迅速性・有効性が求められる |
| データ | 過去の状況を示す | 過去よりも未来の予測に重点を置く。概算数値も用いる |

### ❖損益計算書の仕組み

ここで，事業活動の成果を記録・公表する財務諸表のうち，最も重要な損益計算書と貸借対照表の仕組みを簡単に紹介しましょう。

まず損益計算書です。損益計算書（Profit and Loss statement：PL）とは，ある**一定期間**の**フロー**を集計し，**経営成績**を表す計算書類です。

ここで「一定期間」とは，基本的には1年間ですが，半期・四半期・月次でも損益計算書を作成します。さらに細かく，週次・日次で作成している企業もあるようです。

「フロー」とは，期間中に流れた量のことで，売上高・受取手数料など社外から社内に流れてくるインフローと製造原価・一般管理費・支払利息など社内から社外に流れていくアウトフローに大別できます。

そして，「経営成績」とは，利益の獲得状況のことです。損益計算書では，**図表1-3**のとおり，フローを営業・営業外・特別という3つに分類し，営業

**図表１－３　損益計算書の例**

**損益計算書**

(自2022年１月１日
至2022年12月31日)

（単位：百万円）

| | | | |
|---|---|---|---|
| 売上高 | | | 9,870 |
| 売上原価 | | | |
| | 期首製品棚卸高 | 320 | |
| | 当期製品製造原価 | 5,300 | |
| | 合計 | 5,620 | |
| | 期末製品棚卸高 | 500 | 5,120 |
| 売上総利益 | | | 4,750 |
| 販売費及び一般管理費 | | | |
| | 給料手当 | 980 | |
| | 広告宣伝費 | 180 | |
| | 通信費 | 50 | |
| | 販売手数料 | 350 | |
| | 賃借料 | 210 | |
| | 減価償却費 | 1,560 | |
| | その他 | 560 | 3,890 |
| 営業利益 | | | 860 |
| 営業外収益 | | | |
| | 受取利息 | 30 | |
| | 受取配当金 | 40 | |
| | 有価証券売却益 | 20 | 90 |
| 営業外費用 | | | |
| | 支払利息 | 120 | |
| | 為替差損 | 10 | |
| | その他 | 30 | 160 |
| 経常利益 | | | 790 |
| 特別利益 | | | |
| | 投資有価証券売却益 | 10 | |
| | 固定資産売却益 | 50 | 60 |
| 特別損失 | | | |
| | 固定資産廃棄損 | 40 | |
| | 構造改革費用 | 80 | 120 |
| 税金等調整前当期純利益 | | | 730 |
| 法人税・住民税・事業税 | | | 280 |
| 法人税等調整額 | | | 10 |
| 当期純利益 | | | 440 |

利益・経常利益・当期純利益といった経営成績を表示します。

- **売上総利益＝売上高－売上原価**

  売上高：企業の目的として掲げた事業活動から得られた収益

  売上原価：売上高に直接貢献した費用

- **営業利益＝売上総利益－販売費・一般管理費**

  販売費：販売活動のための支出

  一般管理費：企業を維持するための通常の支出

- **経常利益＝営業利益＋営業外収益－営業外費用**

  営業外収益：受取配当金・受取利息など，企業の主たる目的として掲げた事業活動から生まれた収益のうち，経常的に発生するもの

  営業外費用：支払利息・為替差損など，企業の主たる目的として掲げた事業活動で発生した費用のうち，経常的に発生するもの

- **税金等調整前当期純利益＝経常利益＋特別利益－特別費用**

  特別利益：固定資産売却益・前期損益修正益など臨時的または異常に発生した利益

  特別費用：固定資産売却益・災害損失・前期損益修正損など臨時的または異常に発生した損失

- **当期純利益＝税金等調整前当期純利益－法人税等**

  法人税等：法人税・住民税・事業税とその調整額

当期純利益（net income）は，損益計算書の一番下に表示されるので，アメリカではボトムライン（bottom line）とも呼ばれます。日本では経常利益を最重要視する企業が多いようですが，bottom lineには口語で「肝心かなめの事がら」という意味があるとおり，企業にとって最も重要な利益は当期純利益です。

### ❖ 貸借対照表の仕組み

事業活動の結果を表示するもう１つの重要な計算書類として，貸借対照表が

**図表1－4　貸借対照表の例**

**貸借対照表**

（2022年12月31日現在）　　　　（単位：百万円）

| | | | |
|---|---|---|---|
| 資産の部 | | 負債の部 | |
| 流動資産 | 970 | 流動負債 | 430 |
| 現金・預金 | 140 | 支払手形 | 40 |
| 受取手形 | 420 | 買掛金 | 120 |
| 売掛金 | 280 | 短期借入金 | 130 |
| 製品・商品 | 40 | 未払金 | 40 |
| 仕掛品 | 90 | 未払法人税等 | 50 |
| 消耗品・貯蔵品 | 20 | １年以内返済の長期借入金 | 20 |
| 未収収益 | 10 | その他 | 30 |
| 繰延税金資産 | 20 | 固定負債 | 660 |
| 貸倒引当金 | ▲50 | 社債 | 100 |
| 固定資産 | 1,040 | 長期借入金 | 450 |
| （有形固定資産） | 710 | 退職給付引当金 | 70 |
| 建物 | 200 | その他 | 40 |
| 構築物 | 120 | 負債合計 | 1,090 |
| 機械装置 | 80 | 純資産の部 | |
| 工具・備品 | 40 | 株主資本 | 960 |
| 車両運搬具 | 20 | 資本金 | 300 |
| 土地 | 250 | 資本剰余金 | 310 |
| （無形固定資産） | 100 | 資本準備金 | 280 |
| ソフトウェア | 40 | その他資本剰余金 | 30 |
| 特許権 | 20 | 利益剰余金 | 390 |
| 商標権 | 30 | 利益準備金 | 30 |
| 借地権 | 10 | その他剰余金 | 360 |
| （投資その他の資産） | 230 | 任意積立金 | 240 |
| 子会社株式 | 90 | 繰越利益剰余金 | 120 |
| 投資有価証券 | 20 | 自己株式 | ▲40 |
| 長期貸付金 | 120 | 評価・換算差額等 | 20 |
| 繰延資産 | 60 | その他有価証券評価差額金 | 20 |
| 社債発行費 | 20 | 繰延ヘッジ損益 | 0 |
| 創業費 | 40 | 純資産合計 | 980 |
| 資産合計 | 2,070 | 負債・純資産合計 | 2,070 |

あります。

貸借対照表（Balance Sheet：BS）とは，ある**一時点**の**ストック**を集計し，**財政状態**を表す計算書類です。

ここで，「一時点」とは年度末，日本企業の多くは決算期である３月31日現在です（日本以外は12月決算が主流です）。ただ，損益計算書と同様，半期・四半期・月次でも作成します。

「ストック」とは，ある一時点で貯蔵されている量で，フローと対をなす概念です。企業の所有物でプラスの財産である**資産**，企業が債権者に返済義務を負っているマイナスの財産である**負債**，株主の所有物で正味の財産である**純資産の部（自己資本）**の３つに区分します。会計の世界では，借金も財産なのです。右側の負債と自己資本が資金の調達，左側の資産が資金の運用です。

「財政状態」とは，財産の状況で，資産・負債・純資産の部という３つの財産がどうなっているか，端的には安全性を表します。

- **流動資産**：現金・預金，売掛金，受取手形，棚卸資産など，営業活動を進めるために必要な資産のうち，１年以内に現金化できるもの。
  売掛金：掛で商品を販売した場合に将来代金を受領する権利。受取手形と売掛金を合わせて売上債権と言います。
  受取手形：代金として受け取った手形のうち，未決済のもの
  棚卸資産：企業が販売する目的で一時的に保管しているもの。商品（仕入れて販売できる状態のもの），製品（製造して販売できる状態のもの），仕掛品（しかかりひん）（作りかけの製品），原材料（製品のもととなるもの）
- **固定資産**：販売目的でなくかつ継続的に自社で使用することを目的とする財産。有形固定資産，無形固定資産，投資その他の資産に分かれます。
  有形固定資産：土地・建物・機械といった物理的実体のある固定資産
  無形固定資産：営業権・特許権・ソフトウェアなど物理的実体のない固定資産
  投資その他の資産：投資有価証券・長期貸付金など上記に分類されない固

定資産

- **流動負債**：支払手形，買掛金，短期借入金など，企業が主な目的とする営業取引によって発生した支払義務。
  支払手形：代金として支払った手形のうち，未決済のもの
  買掛金：掛で商品・原材料などを仕入れた場合に将来代金を支払う義務。支払手形と買掛金を合わせて仕入債務と言います。
  短期借入金：返済期限が1年以内に設定された借入金
- **固定負債**：長期借入金，通常の営業活動以外で発生する債務のうち，返済期日が1年以内に到来しないもの。
  長期借入金：返済期限が1年超に設定された借入金
  退職給付引当金：従業員への将来の退職給付（退職金・年金）の見込額のうち，当期以前の期間に費用として負担させた金額
- **純資産の部**：資産と負債の差額。資本金，資本剰余金，利益剰余金などの株主資本と，繰延ヘッジ損益などの評価・換算差額等（こちらは少額ですしマニアックな内容なので無視しても問題ありません）に分かれます。
  資本金：会社設立あるいは増資によって出資者から払い込まれた資金
  資本剰余金：株主から払い込まれた金額のうち資本金に組み入れなかった金額の累積である資本準備金など
  利益剰余金：将来の損失に備えて配当金額の一部を積み立てる利益準備金と，過年度からの使途が特定されていない累積額である繰越利益剰余金など

＊「純資産の部」はかつては「資本の部」「資本」「自己資本」と呼ばれましたが，2005年から「純資産の部」が正式名称になりました。ただ，企業の実務では「資本」「自己資本」という用語のほうが頻繁に使われているので（たとえば「自己資本比率」は「純資産比率」とは呼びません），本書では「純資産の部」「資本」「自己資本」を併用します。

### ❖ 事業活動の本質

事業活動とは，外部からヒト・モノ・カネなど資源を調達して企業にインプット（input：投入）し，財・サービスをアウトプット（output：産出）するプロセスです。インプットを上回る価値あるアウトプットを生み出すのが，優れた事業活動です。

これを貸借対照表で言うと，右側が資金ベースでの資源の調達，左側が資源の運用になります（次頁の**図表1－5**参照）。

材料・商品や資金といった経営資源はタダでは調達できません。当然，調達にはコストがかかります。

一方，左側の運用では，リターン（return）あるいは利回りを期待します。100投資して120のキャッシュが入ってきたらリターンは20（＝120－100），利回りは20％（＝20÷100）です。

調達コストを上回る運用利回りが確保できない状態，つまりインプットよりもアウトプットが小さい状態だと，仕入先や銀行・株主は，企業に経営資源を提供することを思いとどまるでしょう。この状態が一時的なら良いですが，長く続くと，やがて企業は存続できなくなります。

右側の調達コストを上回るような左側の運用利回りを確保するのが企業の責務です。それによって，顧客が満足し，従業員の給料が上がり，株主が満足し，社会が良くなるのが，正しい事業活動の姿なのです。

図表1-5　事業活動の本質

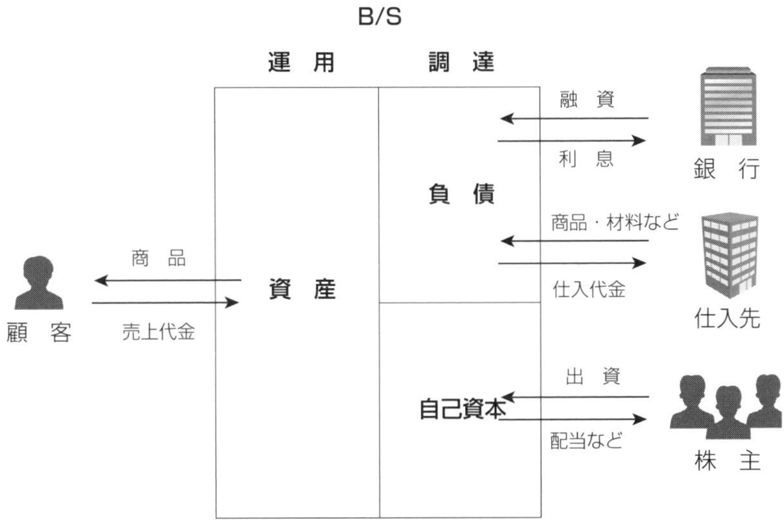


## 2　経営者・マネジャーのリスクテイク

### ❖経営者・マネジャーの役割

事業活動を進めるうえでポイントとなるのが，経営者・マネジャーによるリスクテイク（risktake）です。

現代は，市場ニーズが刻々と変化し，それをめぐってグローバルに競争が展開される時代です。また業種の垣根を越えた新しい競争も広がっています。こうした中，過去と同じやり方，他社と同じやり方を続けていては，左側の運用で高い利回りを実現することはできません。何らかの新しい方法，他社にはない方法をとる必要があります。

こうした過去と違った方法のことを**イノベーション**（innovation）と言います。イノベーションはよく「技術革新」と訳されますが，技術だけでなく，新規性があるやり方全体を意味し，「革新」のことです。新製品開発だけでなく，新しい領域に進出したり，組織を変更したり，新しい調達源を確保することもイノベーションです。

当然，慣れ親しんだ今までのやり方と異なるので，イノベーションはリスク（risk）を伴います。ファイナンスでは，リスクとは「不確実性」のことです。誰かがリスクを引き受けないと（リスクテイク），イノベーションは起こりません。

企業では，組織のいろいろな階層でイノベーションが展開されますが，なかでも期待が大きいのが，経営者・マネジャーです。ヤマト運輸，セブン-イレブン，ファーストリテイリング，セコムといった企業の成功に見るように，収益性・成長性が高い優良企業は，経営者・マネジャーが果敢にリスクテイクし，イノベーションを主導しています。

### ❖会計＆ファイナンスがリスクテイクをサポートする

ただし，経営者・マネジャーはやみくもにリスクテイクをすれば良いわけではありません。失敗して会社の屋台骨を揺るがすようでは困ります。

経営者・マネジャーがリスクテイクをするうえで，以下の点が大切です。

① 事前に事業環境を調査して，リスクの内容や大きさを明らかにする
② リスクや自社の経営状態を勘案し，挑戦的かつ現実的な戦略・計画を策定する
③ 失敗した時に備えて，リスク耐久力のある資金調達をする
④ リスクを適切に管理しながら，事業を展開する

この中で，①では財務諸表の分析，②では損益分岐点分析や投資採算分析，③では資金調達，④ではキャッシュフロー管理やリスク管理が重要です。

やみくもなリスクテイクでも，幸運に恵まれてうまくいくこともあります。ただ，幸運は長くは続きません。経営者・マネジャーがリスクテイクをしてイノベーションを主導し，事業を長期的に発展させるうえで，会計＆ファイナンスの技法・活動は重要な役割を果たすのです。

Column（コラム）

**ファイナンスではリスク＝危険性ではない**

問題です。Ａさん・Ｂさん・Ｃさんという３人のタクシー運転手がいます。

Ａさんは，100回運転したら，１回事故を起こします。

Ｂさんは，100回運転したら，50回事故を起こします。

Ｃさんは，100回運転したら，100回とも事故を起こします。

３人の中で，誰が一番リスクが大きく，誰が最もリスクが小さいでしょうか。

一般常識では，Ｃさんが最もリスクが高く，Ａさんが最もリスクが小さいという答えになるでしょう。

しかし，ファイナンスの世界では，答えは違います。ファイナンスでは，リスクとは収益・キャッシュフローの変動，あるいは不確実性を意味します。収益・キャッシュフローの振れ幅が大きいことをリスクが大きい，振れ幅が小さいことをリスクが小さいと言います。

ファイナンスでは，確実に事故を起こす（！）Ｃさんが最もリスクが小さく，事故を起こすか起こさないか五分五分のＢさんが最もリスクが大きいのです。

この例では，悪いことが起こるというリスクを検討しましたが，ビジネスでは，うまくいくという“リスク”もあります。利益が得られる可能性のことをアップサイド・リスク，損失を被る可能性のことをダウンサイド・リスクと言います。一般的な意味でのリスクは，ダウンサイド・リスクを意味します。

リスクとリターンの関係は，ファイナンスで最も大切な考え方の１つです。一般的な意味でのリスクとファイナンスにおけるリスクには大きな違いがあることを，理解してください。

## 3　利害関係者にとっての企業

### 事業活動と利害関係者

ここで，利害関係者がどのように企業と関わっているのか，どういう関心を持って企業を見ているのか，という発展的な論点について考えてみましょう。

企業には，株主・債権者・従業員・政府・顧客など，さまざまな**利害関係者**（stakeholders：ステークホルダー）がおり，彼らの貢献によって事業活動が成り立っています。

株主は，企業に出資してリスクマネーを提供し，株価上昇や配当を得ます。リスクに見合った十分な投資収益が得られれば企業への投資を継続し，十分な収益が得られないと判断したら株式を売却し，企業との関係を終えます。

こうした関係は，株主だけでなくすべての利害関係者に当てはまります。**図表1－6**のように，各利害関係者は，企業に対する貢献と企業から提供される誘因（利益・メリット）を比較し，「誘因≧貢献」であることを確認し，企業との関係を継続するかどうか判断しています。

図表1－6　利害関係者の誘因と貢献

| | 誘　因 | ≧ | 貢　献 |
|---|---|---|---|
| 株　主 | 投資収益 | ≧ | 出資（リスクマネー） |
| 銀　行 | 利　息 | ≧ | 融資（運転資金） |
| 顧　客 | 商品価値 | ≧ | 対価支払 |
| 従業員 | 賃　金 | ≧ | 労　働 |
| 政府・自治体 | 税　収 | ≧ | 公共サービス |

つまり，利害関係者が財務諸表を見るとき，「誘因≧貢献」という関係が成り立っているのかどうかを見ているのです。

### 利害関係者が重視する経営指標

利害関係者は，それぞれ違った誘因を認識し，違った貢献をします。したがって，同じ会社の財務諸表を見ても，利害関係者によって違った側面を重視することになります。

代表的な利害関係者である株主，銀行・仕入先などの債権者，従業員の三者はどうでしょうか。結論は，**図表1-7**のとおりです。三者それぞれについて，詳しく見ていきましょう。

**図表1-7　重視する経営指標**

| | 重視すること | 重視する経営指標 |
|---|---|---|
| 株　主 | 収益性・成長性 | ROE，CAGR※ |
| 債権者 | 安全性 | 自己資本比率，流動比率 |
| 従業員 | すべて ＋ 分配 | すべて ＋ 労働分配率 |

（※各経営指標の詳細は第2章を参照）

### ❖ 株主は最終的なリスクの引受け手

まず，株主は収益性・成長性を重視し，経営指標としては**ROE**（Return On Equity＝当期純利益÷自己資本）に最も注目します。

株主は，企業に対して出資という形でリスクマネーを提供しています。株主はいったん出資したら，企業からは原則として出資金の返還を受けられません（株主を辞めたいときは，株式を他の投資家に売却します）。企業から見て，株主から調達した資金は，返済する必要がありません。企業は後ほど紹介する債権者からも資金を調達しますが，最大の違いは返済が必要な債権者からの負債と違って，株主から調達した資本は返済の必要がないということです。

企業が発展するには，安全確実なところに投資をするだけではダメで，海外進出したり，新規事業を始めたり，M&Aをしたりする必要があります。こうしたリスクを取って投資をするための資金は，銀行から調達した負債ではなく，株主から調達した資本を活用するのが原則です。なぜでしょうか。

リスクを取って思い切って投資をすると，当然，失敗することがあります。負債で調達した資金，たとえば借入金は，事業がうまくいってもいかなくても，予定どおり債権者に返済しなければなりません。返済できなければ倒産です。

一方で，株主から調達する資金は返済する必要がなく，もしも失敗したら「ゴメンなさい，次はがんばります」と言えます。つまり，株主から調達した資金によって企業は思い切って貸借対照表の左側に投資できるのです。株主は企業にとって最終的なリスクの引受け手と言えます。

### ❖ リスクに見合ったリターン

株主から見て，企業に資金を投じるのは大きなリスクテイクです。

企業の事業活動によって得られた収益は，銀行・仕入先・従業員などに優先的に分配され，利益が出たら政府・自治体に税金を支払い，すべての利害関係者に分配した後の残った当期純利益が株主のものになります。残った利益はすべて株主のものですが，赤字なら株主に対する分配はありません。株主は最後に分配を受けるので，分配を受けられないリスクが大きいわけです。

これは，財産の分配でも同じです。企業が事業活動を停止して残った財産を分配する場合，国・自治体への未払税金，従業員への労働債権（未払給与など），銀行・仕入先などへの一般債権の順ですべての利害関係者に負債を返済した後，残ったら株主は分配を得られます。残った財産はすべて株主のものになりますが，残らなければ分配はありません。

このように株主は，他の利害関係者と比べて格段に大きなリスクを引き受けています。当然，「ハイリスク・ハイリターン」と言われるように，リスクの大きさに見合った大きなリターン（見返り）を求めます。

ROEは，まさに株主がリスクに見合ったリターンが得られるのかどうかを見るための指標です。分母の自己資本（純資産）は株主が企業に投資（プラス再投資）した持ち分，分子の当期純利益は最終的に株主に分配されるリターンです。ROEが大きい企業は，株主から見て魅力的です。

以上から，株主はROEを最も重視するのです。

### ❖ 債権者の視点

次に，銀行・仕入先など債権者について考えてみましょう。債権者は安全性を重視し，経営指標としては自己資本比率や流動比率に注目します。

先ほどの株主についての説明から，銀行など債権者の役割は明らかでしょう。銀行も株主と同じく企業の資金提供者ですが，リスクテイクするかどうかという点で，大きな違いがあります。

銀行が100億円を年率５％で企業に融資するとします（企業から見たら借入れ）。企業は，銀行に年５億円の利息を支払い，期限が来たら元本100億円を返済します。返済できなければ倒産なので，「ゴメンなさい」と言える株主よりも優先的に返済します。つまり，銀行は株主と同じく資金を提供しますが，リスクはさほど取りません。

「ローリスク・ローリターン」と言われるように，銀行はリスクをあまり引き受けない一方，リターンも限定されます。企業が事業に失敗して赤字になっても，利息は優先的に支払われます。逆に，大儲けしても５％を超えて利息を受け取ることはありません。企業がリスクを取って資産に投資して大きな収益を上げても，銀行が受け取る収益は決まっています。

したがって銀行は，企業が危ない橋を渡って収益性を高めるよりも，安全確実に融資の元本と利息を受け取ることを望みます。これが銀行は安全性を重視するという理由です。

### ❖お金に色はついている

世間ではよく「お金に色はついていない」と言われます。しかし，ファイナンス的には，この考え方は間違っています。「お金に色はついている」のです。

企業の立場から見ると，返済する必要がなく，投資して失敗したら「ゴメンなさい」と言える自己資本を使えば，思い切り事業活動をすることができます。一方，「ゴメンなさい」と言えない，言ったら倒産という負債では，こわくて思い切り投資に使えません。日常の運転資金など，確実に回収できそうな用途に使うことになります。

銀行は企業に運転資金を提供するのが基本です。株主は単に資金を提供するだけでなく，事業活動に伴うリスクを引き受けています。日本では，長く銀行からの資金調達が主体だったので，銀行が非常に重要な存在となっていますが(今でも中小企業では変わりません)，世界的には，銀行はそれほど重要な存在ではなく，株主こそ企業にとって欠かせない最も重要な利害関係者なのです。

最重要な利害関係者である株主のリスクテイクに報いるには，企業はROEを高める必要があります。したがって，数ある経営指標の中で，ROEが最も重要であると言えます。

### ❖ 従業員はバランス重視

「株主が最も重要な利害関係者」と言うと，即座に「従業員のほうが重要ではないのか」「アメリカ型の株主重視経営は，日本にはそぐわない」という非難が聞こえてきます。

最後に，従業員について考えましょう。

結論的には，収益性・成長性を重視する株主，安全性を重視する債権者と違って，従業員は実にバランスよく企業を見ています。

読者の皆さんは，毎年勤務先の損益計算書を確認しているでしょうか？　決算非公開でない限り，決算のたびに，営業利益・経常利益といった数字を見て，収益性を確認することでしょう。売上や利益が増えているかどうか，という成長性も重要です。仕事を進めるうえで，効率性や生産性も大切です。また，倒産しそうな企業なら，安全性も気になることでしょう。

なぜ，従業員（あるいはその代表である組合）は，いろいろな側面をバランスよく見るのでしょうか。

それは，他の利害関係者と違って，従業員は最も深く企業にコミットしているからです。従業員は企業と一心同体だからです。

株主は，出資先の企業の経営状態が悪化したら，株を売り払って逃げることができます。上場企業なら，スマホでワンクリックです。債権者も，融資を引き上げることができます。上場企業の株式よりは手間・時間がかかりますが，不可能ではありません。

それに対し従業員は，勤務先が危ないとわかっても，簡単に転職することはできません。「いや，簡単だろ」と思われるかもしれませんが，それは単純労働者か，弁護士のようなどの企業でも役立つ汎用的な専門スキルを持つ人材の場合です。そのどちらでもない大半の従業員は，給与などの条件を下げずに転職するのは容易でありません。

大半の従業員は，長期にわたる企業勤務を通して，その企業でしか通用しない企業特殊能力を形成します。転職すると，せっかく培った企業特殊能力が無価値になってしまいます。ですから，よほどの事態にならない限り，転職しないのです。以上は，有名なベッカー（Gary Becker）の人的資本理論です。

大半の従業員は，企業と深くコミットしています。他の利害関係者と違って，企業とは一蓮托生の関係です。したがって，最も企業のことを心配し，あらゆる側面から企業を監視しようとするのです。

### ❖ 分配も重大な関心事

企業をいろいろな側面から注意深く監視する従業員・組合ですが，１つ大きな関心事があります。それは分配です。

大阪のお笑い芸人が，よく「所属事務所は儲かっているのに，ギャラが安い」と言っているように，いくら勤務先の収益性が高くても，給料が安くては，従業員は報われません。

企業の“儲け”のうち，どれだけ労働者に給料など人件費で分配しているのかを確認する経営指標が労働分配率です。

$$\textbf{労働分配率} = \frac{\text{人件費}}{\text{付加価値}}$$

ここで，分配の対象となる“儲け”として，付加価値を用います。付加価値とは，売上高と原材料など外部購入額の差額で，企業が事業活動によって生み出した価値です。労働分配率は付加価値のうち，従業員に対し人件費としてどれだけ分配されたのかを見るものです。

このように，従業員は，企業にもっとも深くコミットすることから，いろいろな側面をバランスよく見るとともに，自分たちへの分配を気にしているのです。

### ❖ 従業員はなぜ大切か

「株主がリスクを引き受けてくれるので，企業は思い切ったリスクテイクをすることができる」「株主のリスクテイクが企業発展の基盤になる」と言うと，必ず「では従業員は大切ではないのか？」という話が持ち上がります。日本企業は「従業員第一」「Employee Satisfaction（従業員満足）」を標榜している企業が多く，株主が重要という議論には強い拒否反応があります。

従業員は企業経営にどういう役割を果たしているのでしょうか。

かつて高度成長期の頃は，組立型製造業が大量生産した規格化商品を，GMS（総合スーパー）のような小売業が大量に効率的に販売するのが主体でした。こうした時代には，大量生産・大量販売するための大規模な設備＝モノ，それを購入するための資金＝カネが重要でした。まさに資本主義だったのです。

しかし，経済が成熟化した今日，しかもアジア企業が圧倒的な低コストを実現するようになった状況で日本企業に求められているのは，他社にはない新しい価値，イノベーションです。

モノやカネは，イノベーションの強化・拡大に貢献することはできます。しかし，そもそもイノベーションを生み出せるのは（現在のところ）ヒトだけです。これが，従業員が重要な理由です。

イノベーションの創出は過去にない取組みですから，リスクを伴います。しかし，何らかのリスクテイクをしないと，イノベーションは生まれません。事業活動の中心はあくまで経営者・従業員のリスクテイクであり，それを「失敗したら尻拭いはするから，思い切ってリスクテイクしてください」と支援するのが，株主の役割なのです。

日本では，以上のような認識ではなく，戦後の労使協調路線や家族主義経営の延長で，何となく「従業員第一」を唱えている経営者が多いようです。イノベーションの担い手という視点から従業員の役割を再検討する必要がありそうです。

# 4　優良企業とは

## ❖優良企業は立場によって異なる

この章の最後に，先ほどの議論を発展させて，優良企業とはどういうものか考えてみましょう。

経済紙やビジネス誌では，さまざまな経営指標を総合して優良企業をランク付けし，公表しています。もちろん，収益性・安全性・成長性などあらゆる経営指標が良好で，すべての利害関係者に満足をもたらすのが優良企業ということになります。

ただ，トヨタのようにすべてにおいて優れた企業というのは，非常に例外的です。ここまでの検討から明らかなように，利害関係者の立場によって良い企業は異なります。

さて，**図表1-8**のA社とB社の貸借対照表を見てください。両社とも会社の規模は100で同じですが，資金調達が大きく異なります。A社は負債90，自己資本（純資産の部）10，B社は負債が10，自己資本が90です。

どちらの企業が優れているでしょうか。

たいていの方は，B社を選択すると思われます。しかし，答えは利害関係者によって異なります。各利害関係者がどう見るのかを確認していきましょう。

**図表1-8　優良企業とは**

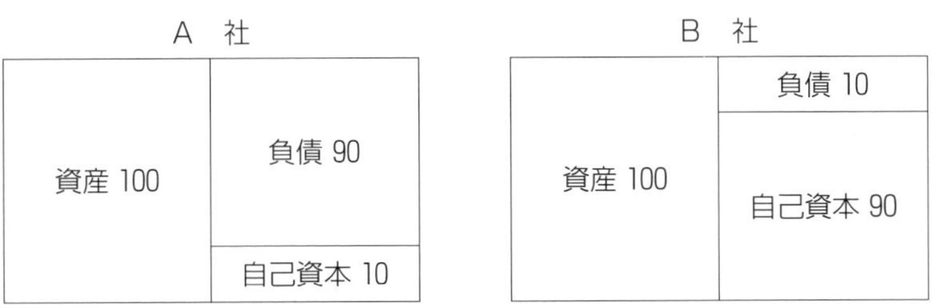

### ❖ 従業員・債権者と株主は利害が異なる

先ほどと説明が前後しますが，まず従業員から見てみましょう。

従業員は長期にわたって働くことを重視します。長期雇用は，従業員にとって生活が安定する，精神的に安心できるというだけでなく，企業特殊スキルを長期的に高めることができます。したがって，従業員は自己資本比率（＝自己資本÷総資産）90％と安全性の高いＢ社を選びます。

債権者も同じです。先ほど触れたように，債権者は安全確実に元本と利息を受け取ることを重視しますから，安全性の高いＢ社を選びます。

では，株主はどうでしょうか。株主はROEを重視します。ROEの分母は自己資本ですから，自己資本の小さいＡ社のほうがROEが高まります。よって株主はＡ社を選びます。

これを数字で確認しましょう。仮に左側の資産が10％で運用され，負債の調達コストが３％，法人税率が40％だとすると，両社のROEは次のようになります。

Ａ社：（資産100×10％－負債90×３％）×（１－0.4）÷自己資本10＝43.8％
Ｂ社：（資産100×10％－負債10×３％）×（１－0.4）÷自己資本90＝6.5％

やはりＡ社のほうが圧倒的に高収益でした。Ａ社の株主は，10という少ない元手で他人のフンドシを90借りて100という大きな事業を展開し，超過収益はすべて株主に帰属します。もちろん，倒産することは株主にとっても大問題ですから，倒産さえしなければという条件付きの話ではありますが，株主にとってはＡ社のほうが好ましいのです。

### ❖ 社会にとって望ましい企業は

では，世の中にとって，Ａ社とＢ社のどちらが好ましいでしょうか。

この問いに答えるには　右側からの資金の調達コストを理解する必要があります。企業は，タダでは資金を調達できません。銀行や株主からコストをかけて資金を調達します。銀行などからの負債の調達と株主からの自己資本の調達とでは，どちらの調達コストが高いでしょうか。

これは，企業の側ではなく，投資をする銀行や株主の側から考えるとわかりやすいでしょう。

銀行の融資（企業から見たら借入金）は，よほどの事態がない限り融資先の企業の業績によって利息額が変わることはありません。また，資本よりも優先的に収益の分配（利息）と投資元本の返済を受けることができます。収益の変動リスクや返済が滞るリスクは小さいので，ローリスク・ローリターンで，銀行はリターンが低くても貸そうということになります。

一方，株主から見て，事業がうまくいけば株価が上昇し，配当も増えますが，うまくいかないと株価が下落し，減配・無配になります。また，収益変動のリスクや投資元本が返済されないリスクが大きいので，ハイリスク・ハイリターンで，株主はよほど高いリターンが見込めないと投資をしようと思わないでしょう。株主は高い利回りを期待するということは，逆に企業からすると高いコストを負っているということになります。

負債と自己資本では，圧倒的に自己資本のほうが調達コストが高いのです。

仮に負債の調達コストが税引後３％（普通は税引前の表示ですが），自己資本が13%だとすると両社の平均調達コストは，以下のようになります。

A社：(負債90×３%＋自己資本10×13%)÷(90＋10)＝４%
B社：(負債10×３%＋自己資本90×13%)÷(10＋90)＝12%

この平均調達コストのことを**WACC**（Weighted Average Cost of Capital：加重平均資本コスト。「ワック」はp.86参照）と言います。

一方，調達コストを考慮しない純粋な左側の利回りは，税引後で６%です。

利回り：10%×(１－0.4)＝６%

つまり，A社は，右側から４%で調達し，左側に６%で運用します。倒産しなければ，事業活動によって企業価値が高まります。一方，B社は，右側から12%で調達し，左側に６%で運用します。事業活動を続けるほど，企業価値が減っていきます。

B社の問題点は，株主から高い期待を背負って資金を調達しながら，左側への投資の利回りが低いことです。

優良企業とは，優れた事業活動を実践し，それが顧客や社会に受け入れられ，企業価値が高まっている企業です。ファイナンス的に言うと，右側の調達コストを上回るような左側の運用利回りを確保できている状態です。この考え方からすると，世の中の貴重なリスクマネーを無駄遣いしているB社は，社会にとってあまり好ましくない企業だと言えるのです。

### チェックポイント

1 自社の事業プロセスを簡単に記述してください。
2 事業プロセスの中でどのように会計＆ファイナンスが関わっているでしょうか。
3 事業プロセスと関係する主要な利害関係者を指摘してください。
4 主要な利害関係者との間で，「誘因≧貢献」という関係が成り立っているでしょうか。成り立っていないとすれば，何が原因でしょうか。
5 主要な利害関係者の中で，重要性に関して順位付けがあるでしょうか。それは経営理念などに明示されているでしょうか。
6 自社は優良企業でしょうか。優良企業である・ないと考えた理由は何でしょうか。

# 第2章 経営成績と財政状態を評価する

本章のポイント　事業活動は，内外の経営環境を分析することから始まります。この章では，財務諸表を使って経営指標を計算し，収益性・安全性・効率性・生産性・成長性といった経営状態を分析する手法を学びます。

## 1 環境分析と財務諸表分析

### ❖経営環境分析からスタートする

経営者・マネジャーはいきなり事業活動を展開するのではなく，まず内外の経営環境を分析することからスタートします。**PDCA**（Plan→Do→Check→Act）と言われるように，経営環境の分析に基づいて事業活動を計画し，準備を整えたうえで活動します。

経営環境分析では，特定の観点に偏るのではなく，内外の状況を幅広く分析するようにします。幅広い体系的な分析をするうえで有効なのがSWOT分析です。

- **Strength**（強み）……企業にプラスに働く内部要因
- **Weakness**（弱み）……企業にマイナスに働く内部要因
- **Opportunity**（機会）……企業にプラスに働く外部要因
- **Threat**（脅威）……企業にマイナスに働く外部要因

**図表2-1**では，山北製菓という中堅菓子メーカーを想定し，SWOT分析を行います。

図表2－1　SWOT分析

| | |
|---|---|
| **強　み**<br>・社長のリーダーシップ<br>・品質への信頼<br>・モチベーションの高い現場社員<br>・消費者対応 | **弱　み**<br>・商品力の低さ，ヒット商品不在<br>・小規模な３工場が分散<br>・設備老朽化，生産効率が低い<br>・地方のチャネルが弱い<br>・ブランド認知度が低い |
| **機　会**<br>・高齢者の増加<br>・安全安心のニーズ<br>・海外需要の増加，和食への関心<br>・安価な調達源 | **脅　威**<br>・人口減少<br>・ネット通販など新チャネルの拡大<br>・贈答需要の減少<br>・健康志向<br>・他社の安売り攻勢 |

### ❖財務諸表の分析

経営状態の分析で，SWOT分析とともに大切なのが，これから紹介する財務諸表分析です。財務諸表分析は，財務諸表から導き出される経営指標を使って，企業の経営状態を定量的に把握することです。SWOT分析がどちらかというと定性的な分析であるのに対し，財務諸表の分析は定量的な分析だと言えます。

ここで経営状態とは，以下のような内容です。

① **収益性**

使用資本や売上高に対してどれだけ利益を上げているか

② **成長性**

売上高，利益などがどれくらいの割合で増えているか

③ **安全性**

負債を返済する支払能力があるか（負債を返済できなくなると企業は倒産するため，「倒産しない健全な状態か」と言い換えることができます）

④　**効率性**

事業活動において，投入した経営資源が無駄なく活用されているか

⑤　**生産性**

投入した経営資源（input）に対し，どれだけ売上高・利益などの産出（output）を得ているか

最終的に重要なのは，①収益性と②成長性です。企業の所有者は株主であり，株主（とその代理人である経営者）は，収益性とその将来の伸びを重視するからです。ただし，企業が存続することが前提ですから，③安全性も重要です。また，④効率性，⑤生産性は，結果として①収益性に繋がると言えます。

## 2　収益性の分析

### ❖収益性の指標

収益性から順に，経営状態を分析する方法を詳しく見ていきましょう。

私たちは「わが社は収益性が高い」「このところ事業の収益性が悪化している」などと日常的に語ります。収益性とは，簡単に言うと「儲かっているかどうか」，ということですが，正しくは何を意味しているのでしょうか。

収益性は，大きく２種類あります。売上高収益性と資本収益性です。

#### 《売上高収益性》

売上高収益性とは，企業が顧客から獲得した売上高（フロー）のうち，どれだけが利益として残るかを見るものです。代表的な指標は，売上高総利益率，売上高営業利益率，売上高当期純利益率などです。値が大きいほど良い状態です。

$$\textbf{売上高総利益率} = \frac{\text{売上総利益}}{\text{売上高}}$$

$$\textbf{売上高営業利益率} = \frac{\text{営業利益}}{\text{売上高}}$$

$$\textbf{売上高当期純利益率} = \frac{\text{当期純利益}}{\text{売上高}}$$

**《資本収益性》**

一方，資本収益性とは，企業が貸借対照表の右側で調達した資金を使ってどれだけ利益を上げたかを見るものです。資本収益性の代表的な指標として，ROEとROAがあります。値が大きいほど良い状態です。

$$\text{ROE} = \frac{\text{当期純利益}}{\text{自己資本}}$$

$$\text{ROA} = \frac{\text{経常利益}}{\text{総資産}}$$

p.16でも確認したとおり，株主から見た投資の収益性を見るのがROE，企業が調達した資金すべてを使ってどれだけ効率的に収益を上げているのかを見るのがROAです。自己資本（純資産）の「自己」とは株主のことで，負債を「他人資本」と呼びます。ROEが株主の投資収益性を見るのに対し，ROAは他人資本も含めた総合的な収益性を見ます。

なお，ROAの分子には日本では一般的に経常利益を用いますが，経常利益では負債に対する利息が差し引かれています。純粋に左側の資産からの収益を見るには，事業利益を用いるのが正しいと言えます。

**事業利益**＝営業利益＋受取利息・配当金

### ❖ 資本収益性，なかでもROEが重視される時代に

日本では，とくに企業内部の人は，収益性というと，イコール売上高収益性のこととして捉えます。単に「利益率」という場合，売上高収益性の指標を指します。

たしかに，社内では，営業部門がきちんと売価を取れているか，調達部門や生産部門が原価を抑えることができているか，という具合に事業活動を点検するには，売上高収益性が大切でしょう。

しかし，外部の利害関係者にとって，どういう過程で収益が生み出されたのかは，あまり大きな関心事ではありません。それよりも，利害関係者にとってどれだけ見返りがあるかが重要です。株主は，投じた資本（equity）に対する見返り（return）の大きさを測るROEを重視します。企業が調達したすべての資本（総資産：Asset）を使ってどれだけ収益を上げているかを見るROAも重要な指標です。

株主重視の欧米では，もともとROEが重視されていましたが，日本でも上場企業を中心にROE重視の動きが広がっています。直接のきっかけは東京証券取引所が2014年にROEを重視した新株式指数「JPX日経インデックス400」を導入したことです。

アメリカの大手500社で構成されるS&P500採用銘柄の平均ROEが約18%であるのに対し，日本の東証一部上場企業の2020年度のROEは7.1%にとどまっています（日本取引所グループ集計）。今後も，ROEを重視する流れは強まっていくことでしょう。

### ❖ 収益性分析の実際

サンプルとして想定した菓子メーカーの山北製菓と川上製菓（ともに仮名）の損益計算書は**図表2-2**，貸借対照表は**図表2-3**のとおりです。両社は事業内容も規模的にも似ており，お互いを競合として意識しているとします。

**図表2-2　損益計算書（2022年1月1日～2022年12月31日）**

（単位：百万円）

| | 山北製菓 | | 川上製菓 | | 対比 | |
|---|---|---|---|---|---|---|
| | 金額 | 売上比 | 金額 | 売上比 | 金額 | 倍率 |
| 売上高 | 1,568 | 100.0 | 2,088 | 100.0 | 520 | 1.33 |
| 売上原価 | 1,124 | 71.7 | 1,346 | 64.5 | 222 | 1.20 |
| （原料費） | 552 | 35.2 | 642 | 30.7 | 90 | 1.16 |
| （人件費） | 326 | 20.8 | 344 | 16.5 | 18 | 1.06 |
| （設備費） | 76 | 4.8 | 239 | 11.4 | 163 | 3.14 |
| （転送運賃） | 122 | 7.8 | 0 | 0.0 | ▲122 | 0.00 |
| （その他経費） | 48 | 3.1 | 121 | 5.8 | 73 | 2.52 |
| 売上総利益 | 444 | 28.3 | 742 | 35.5 | 298 | 1.67 |
| 販売費・一般管理費 | 362 | 23.1 | 509 | 24.4 | 147 | 1.41 |
| （人件費） | 141 | 9.0 | 147 | 7.0 | 6 | 1.04 |
| （販売費） | 154 | 9.8 | 246 | 11.8 | 92 | 1.60 |
| （その他経費） | 67 | 4.3 | 116 | 5.6 | 49 | 1.73 |
| 営業利益 | 82 | 5.2 | 233 | 11.2 | 151 | 2.84 |
| 営業外収益 | 21 | 1.3 | 51 | 2.4 | 30 | 2.43 |
| （受取利息配当金） | 7 | 0.4 | 13 | 0.6 | 6 | 1.86 |
| （その他営業外収益） | 14 | 0.9 | 38 | 1.8 | 24 | 2.71 |
| 営業外費用 | 46 | 3.0 | 21 | 1.0 | ▲25 | 0.46 |
| （支払利息） | 31 | 2.0 | 16 | 0.8 | ▲15 | 0.52 |
| （その他営業外費用） | 15 | 1.0 | 5 | 0.2 | ▲10 | 0.33 |
| 経常利益 | 57 | 3.5 | 263 | 12.6 | 206 | 4.61 |
| 特別利益 | 8 | 0.5 | 12 | 0.6 | 4 | 1.50 |
| 特別損失 | 5 | 0.3 | 7 | 0.3 | 2 | 1.40 |
| 税金等調整前当期利益 | 60 | 3.7 | 268 | 12.8 | 208 | 4.47 |
| 法人税等 | 23 | 1.5 | 99 | 4.7 | 76 | 4.35 |
| 当期純利益 | 37 | 2.2 | 169 | 8.1 | 132 | 4.54 |
| 生産数量（トン） | 458 | | 545 | | 87 | 1.19 |
| 社員数（パートは正社員換算） | 87 | | 92 | | 5 | 1.06 |

## 図表2-3　貸借対照表（2022年12月31日現在）

（単位：百万円）

| | 山北製菓 | | 川上製菓 | | 対比 | |
|---|---|---|---|---|---|---|
| | 金額 | 売上比 | 金額 | 売上比 | 金額 | 倍率 |
| 【資産の部】 | | | | | | |
| Ⅰ流動資産 | 505 | 41.6 | 533 | 38.3 | 28 | 1.06 |
| 現金預金 | 58 | 4.8 | 139 | 10.0 | 81 | 2.40 |
| 受取手形および売掛金 | 228 | 18.8 | 196 | 14.1 | ▲32 | 0.86 |
| 棚卸資産 | 170 | 14.0 | 138 | 9.9 | ▲32 | 0.81 |
| その他流動資産 | 54 | 4.5 | 64 | 4.6 | 10 | 1.19 |
| 貸倒引当金 | ▲5 | ▲0.4 | ▲4 | ▲0.3 | 1 | 0.80 |
| Ⅱ固定資産 | 708 | 58.4 | 859 | 61.7 | 151 | 1.21 |
| （有形固定資産） | 521 | 43.0 | 728 | 52.3 | 207 | 1.40 |
| 建物・構築物 | 94 | 7.7 | 93 | 6.7 | ▲1 | 0.99 |
| 機械装置および運搬具 | 164 | 13.5 | 274 | 19.7 | 110 | 1.67 |
| 土地 | 201 | 16.6 | 183 | 13.1 | ▲18 | 0.91 |
| 建設仮勘定など | 62 | 5.1 | 178 | 12.8 | 116 | 2.87 |
| （無形固定資産） | 57 | 4.7 | 13 | 0.9 | ▲44 | 0.23 |
| （投資等） | 130 | 10.7 | 118 | 8.5 | ▲12 | 0.91 |
| 投資有価証券 | 112 | 9.2 | 86 | 6.2 | ▲26 | 0.77 |
| その他 | 18 | 1.5 | 32 | 2.3 | 14 | 1.78 |
| 資産合計 | 1,213 | 100.0 | 1,392 | 100.0 | 179 | 1.15 |
| 【負債の部】 | 980 | 80.8 | 551 | 39.6 | ▲429 | 0.56 |
| （流動負債） | 488 | 40.2 | 319 | 22.9 | ▲169 | 0.65 |
| 支払手形および買掛金 | 83 | 6.8 | 125 | 9.0 | 42 | 1.51 |
| 短期借入金 | 306 | 25.2 | 150 | 10.8 | ▲156 | 0.49 |
| １年以内返済の長期借入金 | 15 | 1.2 | 4 | 0.3 | ▲11 | 0.27 |
| その他流動負債 | 84 | 6.9 | 40 | 2.9 | ▲44 | 0.48 |
| （固定負債） | 492 | 40.6 | 232 | 16.7 | ▲260 | 0.47 |
| 長期借入金 | 258 | 21.3 | 112 | 8.0 | ▲146 | 0.43 |
| 退職給付引当金 | 162 | 13.4 | 115 | 8.3 | ▲47 | 0.71 |
| その他固定負債 | 72 | 5.9 | 5 | 0.4 | ▲67 | 0.07 |
| 【純資産の部】 | 233 | 19.2 | 841 | 60.4 | 608 | 3.61 |
| 資本金 | 60 | 4.9 | 300 | 21.6 | 240 | 5.00 |
| 資本剰余金 | 30 | 2.5 | 150 | 10.8 | 120 | 5.00 |
| 利益剰余金 | 79 | 6.5 | 122 | 8.8 | 43 | 1.54 |
| その他 | 64 | 5.3 | 269 | 19.3 | 205 | 4.20 |
| 負債・資本合計 | 1,213 | 100.0 | 1,392 | 100.0 | 179 | 1.15 |

両社の収益性の指標を計算すると，**図表2-4**のような結果になります。

**図表2-4　収益性指標**

（単位：%）

| | 山北製菓 | 川上製菓 | 差 |
|---|---|---|---|
| 売上高総利益率 | 28.3 | 35.5 | 7.2 |
| 売上高営業利益率 | 5.2 | 11.2 | 6.0 |
| 売上高当期純利益率 | 2.4 | 8.1 | 5.7 |
| ROE | 15.9 | 20.1 | 4.2 |
| ROA | 4.7 | 18.9 | 14.2 |

すべての収益性指標で川上製菓が山北製菓を上回っており，川上製菓が高収益，山北製菓が低収益だという結論になります。山北製菓のROE15.9%はかなりの高水準ですが，これは分母の自己資本が少ないことによるもので（財務レバレッジ，p.142参照），健全な状態とは言えません。

問題は，どうしてこうした差が生まれたのか，という点です。とくに収益性で劣る山北製菓にとっては，原因を究明することが事業の改善策を考えるうえで重要です。

残念ながら，こうした経営指標は，「収益性が低い」という結果を示すだけで，その原因まで教えてくれるわけではありません。先ほどのSWOT分析などと照らし合わせて，原因を究明する必要があります。

たとえば，売上高総利益率が低いことについて，「売価が低い」か「原価が高い」ことが考えられますが，それ以上は損益計算書からはわかりません。SWOT分析の「ブランド認知度が低い」という弱みや「他社の安売り攻勢」という脅威から，「売価が低い」ことが推測できます。実際にどちらが原因かは，さらに実態を調査して特定します。

山北製菓の収益性の問題点として，その他に以下のような点が考えられます。

| |
|---|
| ①　工場が分散しており，転送運賃の負担が大きい。<br>②　設備投資が不十分なため設備費の負担は小さいが，労働集約的で人件費の負担が大きい。<br>③　借入金が多く，支払利息の負担が大きい。<br>④　資産活用の効率が悪く，ROA が低い。 |

これらのうち，③は損益計算書・貸借対照表からわかりますが，他は事業活動の実態を見てみないとわかりません。

たまに「財務諸表を見ればすべてが手に取るようにわかる」と豪語する会計専門家がいますが，わかるのは大まかな傾向や問題点だけです。財務諸表やそれに基づく経営指標は，あくまで「問題点の当たりを付ける」ためのものだと考えておくべきでしょう。

### ❖業種ごとの収益性指標

ところで，収益性の違いは，業種ごとで特徴があります。業種による違いを詳しく分析するには，業種の特徴に応じた経営指標を分析します。

たとえば，売上高や各段階の利益について，小売店舗なら「店舗面積当たり」，ホテルなら「客室１室当たり」，航空会社なら「搭乗マイル当たり」を計算したりします。

山北製菓のような菓子メーカーであれば，「生産数量１キロ当たり」を分析すると良いでしょう。山北製菓と川上製菓の生産数量１キロ当たりの指標は，**図表２-５**のとおりです。

先ほどの疑問のうち，「売価が低いか，原価が高いか」という点については，売上高の違いから，売価が低い（低価格品の割合が多い）ことが原因だとわかります。

図表2-5 生産数量1キロ当たり損益

| | 山北製菓 | 川上製菓 | 差 |
|---|---|---|---|
| 売上高 | 3,424円 | 3,831円 | 407円 |
| 売上総利益 | 969円 | 1,361円 | 392円 |
| 営業利益 | 179円 | 428円 | 249円 |

## 3 成長性の分析

### ❖ 成長性の指標

**成長性**とは，売上高・利益・総資産などが増加する割合のことです。日本では，収益性と比べて成長性はあまり重視されていませんが，収益性が高い企業でも，成長性が高くないと魅力的とは言えません。成長性の指標としては，売上高成長率，営業利益成長率（営業利益の他に各段階の利益を使うことがあります），総資産成長率などがあります。

前期と当期の売上高を比較した売上高成長率は，以下の計算式で求めます。

売上高成長率＝(当期売上高－前期売上高)÷前期売上高

たとえば，ある企業で，前期売上高が500億円，当期売上高が610億円だとしたら，売上高成長率は以下のとおりです。

(610－500)÷500＝0.22　→　22%

ただ，単年度の成長率はその年の特殊事情による振れ幅が大きいので，あまり参考にならなかったりします。知りたいのは，５年間，10年間といった長期間にわたって，年平均で何%成長したかでしょう。そこで，複利の考え方で年平均の成長率を算定します。

年平均の成長率は，アメリカでは**CAGR**（Compound Annual Growth Rate：年複利成長率）の略称で知られ，基準年の売上高とｎ年後の売上高について，以下の計算式で算定します。

$$\text{CAGR} = \left(\frac{\text{n年後売上高}}{\text{基準年売上高}}\right)^{\frac{1}{n}} - 1$$

n＝2以上では，手計算でこれを算出するのは困難なので，Microsoft ExcelのXIRRという関数を使います。

「数式」→「関数の挿入」→「(関数の分類) 財務」→「(関数名) XIRR」

日本では前年度実績と比較して決算を分析することが主流なので，CAGRは有名ではありません。前頁の単年度の算式しか紹介していない入門書が目立ちます。しかし，アメリカ企業や世界の投資家にとっては，CAGRはROEに次いで注目度が高い重要な経営指標なのです。

### ❖ 成長性分析の実際

山北製菓では，売上高が2017年1,303百万円から５年後2022年に1,568百万円になりました。このときXIRRで以下の売上高を“範囲”に，日付を“日付”に指定すれば，CAGRが算出されます。

| | 範　囲 | 日　付 |
|---|---|---|
| 2017年 | ▲1,303 | 2017/12/31 |
| 2022年 | 1,568 | 2022/12/31 |

ここで，基準年（この場合は2017年）の売上高をマイナスで入力することに注意してください。

計算結果は，3.7％です。ちなみに単純に1,303百万円と1,568百万円の差額265億円を1,303百万円で割り，さらに５年で割ると4.4％です。CAGRよりもやや高めの間違った値を導き出してしまいます。

### ❖ 業績パターン

ところで，新聞などの報道では，企業の決算について，「増収増益の好決算だった」「減収減益に終わった」という言い方をします。

「収」とは売上高のこと，「益」とは利益のことです。ただ，「益」がどの段階の利益を指すかは，企業によってまちまちです。

日本では昔から経常利益が最も代表的な利益なので，経常利益を意味する場合があります。ただ，経常利益は日本独自の利益概念であることから，近年，株主から見て最も大切な利益である当期純利益や資産を使った収益である事業利益を指すことが増えています。また，当期純利益は特別損益や法人税の影響を強く受けるので，営業段階での実力を見るために営業利益を意味する場合もあるようです。ということで，経常利益・当期純利益・営業利益が並立しているのが現状です。

過年度と比較した売上高・利益の増減は，次の４パターンです。

①　増収増益……健全な成長
②　増収減益……利益を伴わない拡張路線
③　減収増益……リストラによる利益ねん出
④　減収減益……危険な状態

ただし，増収増益の場合でも，無理な拡大をすると，売上高収益性・資本収益性がともに低下し，健全な成長とは言えないという場合があります。上の寸評はあくまで一般的な目安で，実態を細かく確認する必要があるでしょう。

## 4　安全性の分析

### ❖ 安全性の分析

損益計算書を見て，「何が書いてあるのかわからない」ということはないでしょう。しかし，貸借対照表を読み解くのは容易ではありません。貸借対照表を分析できて，初めて財務諸表分析をマスターしたと言えます。

貸借対照表から安全性の指標を計算することができます。**安全性**とは，簡単に言うと企業が倒産しにくいかどうかです。企業は，支払手形・買掛金・借入金といった債務を返済できなくなったら倒産です。倒産しないような支払能力を持っているかどうかを安全性の指標で分析します。

安全性の代表的な指標は，以下のとおりです。

$$\textbf{自己資本比率} = \frac{\text{自己資本}}{\text{総資産}}$$

総資産，つまりすべての運用資産＝すべての資金調達に資本の部が占める割合を示します。自己資本（純資産の部）は株主に返済する必要がない安定した資金なので，この数字が大きいほど安全性が高まります。自己資本比率は，業種によって差が大きく，日本では，製造業40～50％，小売業30～40％，卸売業20～30％，銀行は10％程度が多いようです。

なお，自己資本比率と意味するところは同じですが，格付機関（p.78参照）や機関投資家は，D/Eレシオをよく用います。

$$\textbf{D/Eレシオ} = \frac{\text{負　債}}{\text{自己資本}}$$

Dは負債Debtの，Eは自己資本Equityの略です。また，借入金など利子の支払いを伴う負債を有利子負債と言い，資産の現預金を差し引いたネット有利子負債を分子にしたネットD/Eレシオで，安定性をより正確に見ることがあります。

$$\textbf{ネットD/Eレシオ} = \frac{\text{有利子負債} - \text{現預金}}{\text{自己資本}}$$

一方，短期の安全性を見る代表的な指標が流動比率です。

$$\text{流動比率} = \frac{\text{流動資産}}{\text{流動負債}}$$

流動負債は，買掛金・短期借入金など１年以内に支払いをしなければならない負債です。流動資産は，現預金・棚卸資産・売掛金など１年以内に現金化できる資産です。流動比率は，短期の支払いに充当できる資産をどれだけ持っているかを計測する指標で，高いほど安全性が高まります。一般に100％以上必要とされますが，現金商売で売掛金・受取手形がない小売業では100％を下回ってもまったく問題がなかったりします。

流動比率が高いほど安全性が高まる一方，流動資産が大きすぎることになります。流動資産のうち現預金の利息はほぼゼロですし，棚卸資産，売掛金などもそれ自体が価値を生むわけではありません。なくても済むなら，ないほうが良いのです。

かつては「流動比率は200％以上あることが望ましい，これを“200％ルール”と言う」とよく言われました。しかし，あまりにも流動比率が高い企業は，資産効率が悪い企業だと言えます。

とくに大企業では，金融機関から一定の枠内で自由に資金調達できるコミットメントライン契約を結んでいる場合が多く，いざという時に備えてたくさんの現預金を置いておく必要はありません。「流動比率は高いほど良い」という時代ではなくなったのです。

$$\text{固定比率} = \frac{\text{固定資産}}{\text{自己資本}}$$

固定資産は投資リスクが大きく，資金回収に時間がかかるので，安定した資金で投資をするべきです。返済の必要がなく，リスク許容力がある自己資本で固定資産をどれだけ賄えているかを見るのが固定比率です。この値が小さいほど投資に対する長期の安定性が高いと言えます。

ただ，固定比率が100％を下回って小さくなると，自己資本が大きくなりすぎます。自己資本は負債に比べて調達コストが高いので，自己資本があまり大きいと企業価値を高めるのが難しくなります。

$$\textbf{固定長期適合率} = \frac{\text{固定資産}}{\text{固定負債} + \text{自己資本}}$$

固定比率を下げようとすると，自己資本が大きくなってしまいます。そこで，返済の必要のない，「ゴメンなさい」と言える自己資本に加えて，負債ではあるものの長期にわたって返済する安定的な調達である固定負債によって，どれだけ固定資産への投資を賄えているかを見るのが，固定長期適合率です。

なお，流動比率は貸借対照表の上半分，固定長期適合率は下半分で，表裏一体の関係にあります。流動比率が100％なら，固定長期適合率も100％です。固定長期適合率を100％以下に維持することを目標にしている企業が多いようです。

### ❖ 安全性分析の実際

山北製菓と川上製菓の安全性指標は，**図表2-6**のとおりです。

**図表2-6　安全性指標**

| | 山北製菓 | 川上製菓 | 差 |
|---|---|---|---|
| 自己資本比率（%） | 19.2 | 60.4 | 41.2 |
| D/Eレシオ（倍） | 4.21 | 0.66 | ▲3.55 |
| ネットD/Eレシオ（倍） | 2.24 | 0.15 | ▲2.09 |
| 流動比率（%） | 103.5 | 167.1 | 63.6 |
| 固定比率（%） | 303.9 | 102.1 | ▲201.8 |
| 固定長期適合率（%） | 97.7 | 80.1 | ▲17.6 |

ネットD/Eレシオの有利子負債は貸借対照表の「短期借入金」「1年以内返済の長期借入金」「長期借入金」の合計です。

安全性指標は，すべて山北製菓が劣り，川上製菓が勝っています。

山北製菓では，自己資本比率や固定比率の数字が低いことが気になります。

十分な増資ができず，収益性が低いことから内部留保も少ないので，設備投資を自己資本で賄えず，借入金に依存している状況です。可能なら増資など資本増強策を実施すると良いでしょう。

一方，川上製菓は，各指標が良好で，安全性そのものには問題はありません。ただ，固定比率102.1％ということで，固定資産への投資をほぼすべて自己資本で調達していることが気になります。安全性を重視している結果，資本コストが上昇し，企業価値を高めるのが難しくなっているおそれがあります。山北製菓とは逆に，負債の活用を考慮するべきでしょう。

### ❖安全性の見方が変わりつつある

日本では，よく「あの会社は無借金の優良企業だ」と言われるとおり，従来は負債が少なく自己資本が多い企業が優良企業とされてきました。

たしかに，自己資本比率や流動比率など安全性指標が良い企業は，倒産の危険性は少ないという点では優良企業です。第１章で確認したとおり，従業員や債権者など，安全性を重視する利害関係者がいるのも事実です。また，戦後，資本の蓄積が乏しかった日本では，安全性指標が国際的に見て低いという状態が長く続きました。

しかし，倒産しなければ良い企業かというと，そうではないでしょう。

企業は倒産しないためにこの世に存在しているわけではありません。効率的・効果的な事業を行うことで，国民や社会に価値をもたらし，結果として企業価値を高めるために存在します。株主から調達した貴重なリスクマネーを効率的に運用し，企業価値を高める責務があります。

安全性は，事業を継続するための前提条件に過ぎません。資金繰りが悪化し，存続が危ぶまれる状態の企業を除いて，収益性や成長性のほうがはるかに重要です。

近年は，外国人投資家を中心に株主価値の向上を求める声が高まっています。それとともに，流動比率のところで紹介したように，安全性に対する見方が大きく変わりつつあります。私たちは「倒産しない会社が良い会社」という認識を改める必要がありそうです。

Column コラム

### 粉飾決算

よく，粉飾決算が世間を騒がせます。大企業が大規模な粉飾をしてニュースになるのは何年かに1回ですが，軽微な粉飾ですと，上場・非上場，大企業・中小企業を問わず，かなり日常的に行われているようです。

粉飾は，株主・銀行などに良い決算を見せようと実態をかさ上げする場合が多いですが，逆に法人税などを節税するために利益を小さく表示する場合もあります。逆粉飾と言います。ある経営者は，「実際の決算書の他に銀行用，税務署用と3種類作っていたら，わけがわからなくなった」と笑っていました。もちろん，違法です。

粉飾には，架空の売上を計上する，経費を計上しない，といったさまざまな方法があります。そのなかで，大規模な粉飾ができて比較的バレにくいのが，棚卸資産の増額，いわゆる「在庫の水増し」です（粉飾を勧めているわけではありませんので，あしからず）。

売上総利益＝売上高－売上原価
　　　　　　＝売上高－（期首棚卸高＋期中仕入－期末棚卸高）

ですから，期末棚卸高を帳簿上で大きな数字に変更すれば，売上総利益が増えます。決算が終了した後に，期末時点で実際にどれだけ実在庫があったのかを検証するのは困難ですから，この粉飾はなかなか見破りにくいのです。

ただ問題は，翌期の期首棚卸高が大きな数字でスタートするので，そのままだと，翌期は逆粉飾の状態になってしまうことです。翌期も粉飾をしようとすると，さらに期末棚卸高を増やさなくてはいけません。それを何年も繰り返すと，貸借対照表の棚卸商品が不自然に膨張し，やがて「これ，おかしくない？」とバレてしまいます。

一時的に粉飾をするのは簡単ですが，粉飾を長く続けるのは困難だということでしょう。

## 5 効率性の分析

### ❖ 効率性の指標

次に効率性です。

企業はヒト・モノ・カネ・情報といった経営資源を調達し，それを運用して活動します。経営資源の調達にはコストがかかりますから，事業活動に必要十分な経営資源を調達し，無駄なく活用することが大切です。

経営資源が無駄なく活用されているかどうかを見るのが，効率性です。

まず，企業全体の効率性を総合的に見る指標が，総資産回転率です。

$$\textbf{総資産回転率} = \frac{\text{売上高}}{\text{総資産}}$$

総資産は事業活動に使用するすべての資産ですから，できるだけ少ない総資産で売上高を確保できるのが効率的な状態です。総資産回転率は，値が大きいほど効率的です。

総資産（＝総資本）は，売上債権・在庫などたくさんの資産で構成されます。総資産回転率を分解したものとして，以下のような効率性の指標があります。

**売上債権回転日数**＝売上債権÷売上高×365

売上債権とは，得意先との通常の営業取引によって発生した債権（お金を受け取る権利）で，受取手形と売掛金の合計金額です。

売上債権を得意先から代金回収するまで企業が運転資金を負担しますから，売上債権回転日数は短いほど好ましいと言えます。

**棚卸資産回転日数**＝棚卸資産÷売上原価×365

棚卸資産とは，企業が販売目的で保有する資産（商品，製品）およびそうした資産を製造するために必要な資産（原材料，仕掛品）などの総称です。売上原価とは，製品・サービスを生み出すために直接必要としたコストの合計です。

なお，棚卸資産回転日数の計算で，売上原価の代わりに売上高を使って在庫回転日数を計算する場合もありますが，貸借対照表の棚卸資産は販売前の原価ベースで計上されていますので，売上原価を使うのが適切です。

棚卸資産を保有している間，企業は運転資金を負担します。したがって，棚卸資産回転日数は（売上債権回転日数と同様）短いほど好ましいと言えます。

**仕入債務回転日数**＝仕入債務÷売上原価×365

仕入債務とは，商品・サービス・材料などを購入することによって発生する支払義務のことで，支払手形・買掛金の合計です。この指標も，棚卸資産回転日数と同様，売上原価を使って算定します。

仕入債務は支払いの猶予であり，支払いまでの間，運転資金の負担が軽減されます。したがって，仕入債務回転日数は長いほど好ましいと言えます。

なお，仕入債務回転日数・在庫回転日数・売上債権回転日数の3つは，日数に代えて月数を計算する場合もあります。「×365」の部分を「×12」に変えれば回転月数になります。

また，回転日数ではなく，総資産回転率と同じく「率」を計算する場合もあります。率の計算式は，それぞれ以下のようになります。

**売上債権回転率**＝売上高÷売上債権

**棚卸資産回転率**＝売上原価÷棚卸資産

**仕入債務回転率**＝売上原価÷仕入債務

### ❖ CCCに注目

オペレーションの効率性を見るうえで，近年世界的に注目を集めている指標が**CCC**（Cash Conversion Cycle：「トリプルシー」）です。

計算式は以下のとおりです。

CCC＝売上債権回転日数＋棚卸資産回転日数－仕入債務回転日数

企業のオペレーションは，材料・部品・商品などを購入し，仕入代金を支払い，加工して製品として顧客に引き渡すまで在庫として保有し，製品を販売し，販売代金を回収する，という順序で展開します。

前節の繰り返しですが，商品・サービス・材料などの代金は通常，「購入月の翌月末払い」といった形で支払うので，仕入債務回転日数の期間は支払いが繰り延べられます。

材料・部品・商品などを仕入れてから，加工して（卸売業・小売業では加工はありませんが）製品として引き渡すまで，企業は在庫回転日数の期間の資金を負担します。

商品・製品などを普通は掛や手形で販売するので，販売代金の入金があるまで，受取債権回転日数の期間の資金を負担します。

つまり，CCCは，企業のオペレーションにおいて実質的に資金を負担する日数を表しているのです。この日数が短いほど，効率的にオペレーションを運営していることになります。

製造業や卸売業では，通常この数値はプラス，つまり資金負担が発生しますが，現金商売の小売業では，マイナスになることがあります。また，同じ業種でも国内と海外で値が大きく異なることがあります。CCCを時系列で分析したり，同業他社と比較したりすることで，オペレーションが効率化しているかどうかを把握することができます。

### ❖ 効率性分析の実際

山北製菓と川上製菓について効率性の指標を計算すると，**図表2-7**のようになります。

図表2-7　効率性の指標

| | 山北製菓 | 川上製菓 | 差 |
|---|---|---|---|
| 総資産回転率（回） | 1.29 | 1.49 | 0.20 |
| 売上債権回転日数（日） | 53.1 | 34.3 | ▲18.8 |
| 棚卸資産回転日数（日） | 55.2 | 37.4 | ▲17.8 |
| 仕入債務回転日数（日） | 27.0 | 33.9 | 6.9 |
| CCC（日） | 81.3 | 37.8 | ▲43.5 |

オペレーションの効率性において，山北製菓は川上製菓に大きく劣ります。

山北製菓の売上債権回転日数が長いことから，債権回収がうまくいっていない，回収条件を緩和して拡販している，サイト（回収期間）が長い，といった問題点が推測されます。

棚卸資産回転日数が長いことから，計画生産がうまくいっていない，不良在庫・滞留在庫がある，といった問題も考えられます。

仕入債務回転日数が短いことは，信用力の低下で仕入先から与信を絞られている可能性があります。

もちろん，これらはすべて数字からわかる問題の可能性であって，真偽や原因などは実際の事業を見て確かめるほかありません。

## 6　生産性の分析

### ❖生産性の分析

続いて，製造業でよく問題になる生産性の指標を紹介しましょう。

私たちは「あの工場は生産性が低い」などと日常的に語りますが，そもそも生産性とは，インプット（input：投入）と対比したアウトプット（output：産出）の割合を意味します。

$$\textbf{生産性}=\frac{\text{アウトプット}}{\text{インプット}}$$

生産性は，先ほど検討した効率性と概念的に似ています。ただ，効率性が「無駄がないか？」を重点的に考えるのに対し，生産性は「アウトプットを増やすには？」を中心に考えるのが異なる点です。

生産性の最も代表的な指標が，付加価値生産性（または労働生産性）です。

$$\textbf{付加価値生産性}=\frac{\text{付加価値}}{\text{従業員数}}$$

ここで付加価値とは，企業が事業活動を通して生み出した価値のことです。加工を行わない小売業・卸売業の場合，損益計算書の売上総利益に等しいですが，製造業は加工を行うので，売上総利益とは一致しません。以下の日銀方式や中小企業庁方式で算出します。

**〔日銀方式〕**

付加価値＝経常利益＋人件費＋金融費用＋租税公課＋減価償却費

**〔中小企業庁方式〕**

付加価値（加工高）＝生産高－外部購入価額

付加価値生産性は，労働というインプットに対する付加価値というアウトプットの割合を見るものです。この付加価値生産性を次のように分解することができます。

$$\textbf{付加価値生産性}=\frac{\text{付加価値}}{\text{従業員数}}$$

$$=\underset{\text{＜付加価値率＞}}{\frac{\text{付加価値}}{\text{売上高}}}\times\underset{\text{＜有形固定資産回転率＞}}{\frac{\text{売上高}}{\text{有形固定資産}}}\times\underset{\text{＜労働装備率＞}}{\frac{\text{有形固定資産}}{\text{従業員数}}}$$

つまり，売上単価アップあるいはコストダウン（→付加価値率），資産効率の改善（→有形固定資産回転率），設備投資および人員削減（→労働装備率）といった方法で総合的に生産性を上げることができます。

付加価値生産性は，とくに製造業では重視される経営指標ですが，付加価値の算定がやや面倒なので，以下のような指標で代用することがあります。

$$\textbf{1人当たり売上高} = \frac{\text{売上高}}{\text{従業員数}}$$

$$\textbf{1人当たり営業利益} = \frac{\text{営業利益}}{\text{従業員数}}$$

もちろん，以上のすべての指標は，値が大きいほど生産性が高いと言えます。

### ❖ 労働装備率

付加価値生産性の指標の分解で出てきた労働装備率について，少し補足しましょう。

$$\textbf{労働装備率} = \frac{\text{有形固定資産}}{\text{従業員数}}$$

有形固定資産とは設備あるいは資本，従業員数とは労働で，労働装備率は1人当たり有形固定資産ということになります。付加価値の源泉は，大まかに言うと，資本か労働のどちらかです。労働装備率が大きい事業を**資本集約型**，小さい事業を**労働集約型**と言います。

たいていの場合，事業は労働集約型からスタートし，事業が確立されると標準化が進み，設備投資が行われ，労働者が減り，資本集約型へと転換していきます。労働と資本は代替関係にあるのです。労働装備率の推移を見ると，労働と資本の代替がどれだけ進んでいるかがわかります。

また，同じ企業の同じ事業でも，日本のような先進国では資本集約型，発展途上国では労働集約型という違いが生まれます。

### ❖ 生産性分析の実際

では，山北製菓と川上製菓の生産性を分析してみましょう。

両社の減価償却費と租税公課は，以下のとおりでした。

（単位：百万円）

| | 山北製菓 | 川上製菓 |
|---|---|---|
| 減価償却費 | 60 | 211 |
| 租税公課 | 7 | 12 |

この数字とp.30の損益計算書から，日銀方式では付加価値を以下のように算出できます（支払利息を金融費用としています）。

山北製菓：経常利益57＋人件費・原価326＋人件費・販管費141＋金融費用31＋租税公課７＋減価償却費60＝622百万円

川上製菓：経常利益263＋人件費・原価344＋人件費・販管費147＋金融費用16＋租税公課12＋減価償却費211＝993百万円

生産性の指標は**図表２-８**のとおりです。

**図表２-８　生産性の指標**

| | 山北製菓 | 川上製菓 | 差 |
|---|---|---|---|
| 付加価値生産性（百万円） | 7.1 | 10.8 | 3.7 |
| 付加価値率（%） | 39.7 | 47.6 | 7.9 |
| 労働装備率（百万円） | 6.0 | 7.9 | 1.9 |
| 有形固定資産回転率（回） | 3.0 | 2.9 | ▲0.1 |
| １人当たり売上高（百万円） | 18.0 | 22.7 | 4.7 |
| １人当たり営業利益（百万円） | 0.9 | 2.5 | 1.6 |

有形固定資産回転率を除くすべての生産性指標で，山北製菓は川上製菓に劣っています。

労働装備率から，山北製菓は機械化・自動化があまり進んでおらず，人員が多く，労働集約型の非効率な生産をしていることがうかがえます。また，付加価値率と併せて，付加価値の低い商品しか生産できない装置構成になっているかもしれません。

ちなみに，労働分配率（p.19参照）は，山北製菓75%，川上製菓49%です。山北製菓は概ね50～70%という適正範囲を超えており，人件費の負担が重いと言えます。

## 7　趨勢分析のススメ

### ❖ 3つの比較

以上，収益性・成長性・安全性・効率性・生産性という基本的な経営指標を紹介しました。せっかく学んだことですから，ぜひ自社の財務諸表に当てはめて分析してみてください。また，営業担当者なら得意先の，調達担当者なら仕入先の財務諸表を分析するようにしてください。

ところで，自社の財務諸表を見て，「今期は当期純利益が80億円だった」「自己資本比率が40%だった」と確認するだけでは，あまり意味がありません（まったく見ないよりは有益ですが）。財務諸表に限らず何かを分析するというとき，他の別のものと比較することが有効です。

比較分析には，趨勢分析・ベンチマーキング・予実分析の3つの方法があります。

#### ① 趨勢分析

過去の財務諸表と比較して，趨勢（トレンド）がどうなっているのかを分析します。

#### ② ベンチマーキング

同業他社，業界平均，モデル企業など他社と比較することをベンチマーキング（benchmarking）と呼びます。

③ 予実分析

事前に立案した中期経営計画や年度予算を比較することを予実分析と言います。「予実」とは，「予算と実績」の略です。

3つありますから，3つとも実施するのが望ましいわけですが，1つだけ選ぶとしたら①趨勢分析です。趨勢分析によって自社の経営の趨勢を掴むことができます。

### ❖ 趨勢分析の留意点

趨勢分析をするうえで，2つ注意事項があります。

1つは，前年と比較するのではなく，3年前や5年前といった少し遠い過去と比較することです。

決算発表時に公表する決算短信や，株主総会終了後に公表する有価証券報告書において，財務諸表は前年対比で記載されています。たしかに前年と比べてどうなったかは重大な関心事ですが，たった1年では大きな経営の趨勢を掴むことは難しいでしょう。3年ないし5年経てば経営環境もかなり変化しているでしょうし，企業は長期的な経営戦略や中期経営計画に則って事業活動を進めていますから，経営の趨勢を大局的に把握することができます。

もう1つの注意事項は，売上高などの基準を設けて，その基準と比較するこ

**図表2-9　趨勢分析**

| | 5年前 | 現　在 | 変化率 |
|---|---|---|---|
| 売上高 | 200 | 400 | 2.0 |
| 経常利益 | 40 | 60 | 1.5 |
| 総資産 | 200 | 500 | 2.5 |
| 売掛金・受取手形 | 50 | 150 | 3.0 |
| 在庫 | 50 | 140 | 2.8 |
| 借入金 | 60 | 210 | 3.5 |
| 自己資本 | 70 | 120 | 1.7 |

とです。たとえば，**図表2-9**はある企業の5年前と現在の状況を比較したものです。5年前と比べて売上高などすべての数字が増加しており，「増収増益」の成長企業です。しかし，各項目では増加の度合いに大きな違いがあります。

売上高は，5年前からちょうど2倍になっています。これを基準に他の数値を見ることにしましょう。

総資産が2.5倍，借入金が3.5倍になっており，借入れによって投資をして積極的に拡大路線をとってきたことが推測できます。

売掛金・受取手形が大幅に増加しているのは，不良債権が発生しているか，回収条件を緩和して販売増加に努めていることがうかがえます。

在庫の増加は，在庫管理がうまくいっていないか，販売計画がずさんなのか，いずれにせよ，オペレーションが効率的でない可能性を示しています。

経常利益は増益ですが，伸び率は低く，薄利多売で拡販したことが推測されます。低収益のため，内部留保が蓄積されず，自己資本の伸びも低くとどまっています。

以上から，この企業はやや強引な拡大主義に走っていると言えるでしょう。増収増益とはいえ「健全な成長」とは言い難く，投資や拡販策が功を奏するのか，注意が必要でしょう。

このような限られた情報からでも，売上高を基準に変化を比較することで，さまざまなことがわかるのです。

## 8　国際会計基準

### ❖ 国際会計基準の導入

この章の最後に，国際会計基準の動向と影響を確認しましょう。

利害関係者が財務諸表を見るとき，国ごとに表示形式が異なると，比較・分析をするのが困難です。そこで，財務諸表の表示形式をグローバルに統一しようという動きが，1970年代にヨーロッパで始まりました。民間機関である国際会計基準委員会（IASC：International Accounting Standards Committee）が策定し，2000年代前半に多くの国で合意を得たのが，国際会計基準です。

国際会計基準の正式名称はInternational Financial Reporting Standards，略してIFRS（日本では「イファース」，世界では「アイファース」と読みます）で，財務諸表の表示を統一するのが目的です。会計基準を統一するIASが別にあり，IFRSは正確には「国際財務報告基準」ですが，IASと併せて国際会計基準と呼んでいます。

日本では，上場企業に対しては2012年から段階的に適用されています。2013年には，日本企業が導入しやすいように，IFRSの日本版であるJ-IFRS（修正国際会計基準）が制定されました。ただし，導入のメリットが不明確なことなどから様子見を決め込む企業が多く，まだ導入企業は252社にとどまっています（2022年３月現在）。また，非上場企業にはIFRSが強制適用されず，採用は任意です。

今後，IFRSを中心とした制度改定がどう進んでいくのか，動向を注視する必要があります。

### ❖ 包括利益の概念

IFRSの内容は多岐に及びますが，大きく変わるのは，包括利益の導入です。IFRSでは，期間利益の算定を目的とする損益計算書に代えて，一定期間における株主の持ち分の変化を計算する包括利益計算書を作成・公表します。

IFRSでは，日本独自の利益概念である経常利益の表示を認めていません。一方，包括利益の表示を求めています。

**包括利益**＝当期純利益＋その他の包括利益

ここで，「その他の包括利益」とは，企業が保有する資産の時価が変動したことによる損益で，たとえば保有株式の時価が変動することで生じる「資産の含み損益の当期変動額」などです。

### ❖ 包括利益計算書の表示

包括利益計算書には，２つの表示方法があります。

①　２計算書方式……損益計算書と包括利益を表示する包括利益計算書の２つからなる形式

②　１計算書方式……当期純利益の表示と包括利益の表示を「損益及び包括利益計算書」という１つの計算書で行う形式

それぞれの表示による計算書類は，**図表２-10**のとおりです。

**図表２-10　包括利益計算書の表示**

２計算書方式

| | |
|---|---|
| <連結損益計算書> | |
| 売上高 | 13,000 |
| 〜〜〜〜〜〜 | |
| 税金等調整前当期純利益 | 2,200 |
| 法人税等 | 900 |
| 少数株主損益調整前当期純利益 | 1,300 |
| 少数株主利益 | 300 |
| 当期純利益 | 1,000 |
| <連結包括利益計算書> | |
| 少数株主損益調整前当期純利益 | 1,300 |
| その他の包括利益： | |
| その他有価証券評価差額金 | 530 |
| 繰延ヘッジ損益 | 300 |
| 為替換算調整勘定 | ▲180 |
| 退職給付に係る調整額（※） | 100 |
| 持分法適用会社に対する持分相当額 | 50 |
| その他の包括利益合計 | 800 |
| 包括利益 | 2,100 |
| （内訳） | |
| 親会社株主に係る包括利益 | 1,700 |
| 少数株主に係る包括利益 | 400 |

１計算書方式

| | |
|---|---|
| <連結損益及び包括利益計算書> | |
| 売上高 | 13,000 |
| 〜〜〜〜〜〜 | |
| 税金等調整前当期純利益 | 2,200 |
| 法人税等 | 900 |
| 少数株主損益調整前当期純利益 | 1,300 |
| 少数株主利益（控除） | 300 |
| 当期純利益 | 1,000 |
| 少数株主利益（加算） | 300 |
| 少数株主損益調整前当期純利益 | 1,300 |
| その他の包括利益： | |
| その他有価証券評価差額金 | 530 |
| 繰延ヘッジ損益 | 300 |
| 為替換算調整勘定 | ▲180 |
| 退職給付に係る調整額（※） | 100 |
| 持分法適用会社に対する持分相当額 | 50 |
| その他の包括利益合計 | 800 |
| 包括利益 | 2,100 |
| （内訳） | |
| 親会社株主に係る包括利益 | 1,700 |
| 少数株主に係る包括利益 | 400 |

計算書の主旨が「期間損益」から「株主持ち分の変動」に変わるというと，劇的な変化だと感じられるかもしれません。「財務諸表の革命」と騒ぎ立てる専門家もいるようです。ただ，経常利益の表示こそなくなるものの，売上高から当期純利益までの表示がなくなるわけではありませんから，それに株主向けの情報が加わったという程度に受けとめておけば（会計の専門家以外は）よいでしょう。

### チェックポイント

1. 競合や目標とする他社をベンチマークとして取り上げて，自社と収益性・安全性・成長性・効率性・生産性などの観点から比較分析し，経営の課題を整理してください。
2. 自社の5年前と直前期について，収益性・安全性・成長性・効率性・生産性などの観点から比較分析し，経営の課題を整理してください。
3. 中期経営計画や年度予算と実績について，収益性・安全性・成長性・効率性・生産性などの観点から比較分析し，経営の課題を整理してください。
4. 所属する業界に特有の経営指標はあるでしょうか。あれば計算し，同業他社と比較してみてください。
5. 事業部門のCCCを計算し，他部門や同業他社と比較し，事業プロセスが効率的かどうかを分析してください。
6. 付加価値生産性や労働装備率を部門ごと・地域ごとに計算し，事業が労働集約型か資本集約型かを分析してください。
7. 自社ではIFRSの導入状況はどうなっているでしょうか。今後の予定を含めて確認してください。

## ケース演習①　食品卸売業者の財務諸表分析

国本物産（仮名）は，1950年創業の食品卸売業者です。

国内の食品業界は，完全な成熟市場です。もともと取扱い製品で差別化するのが難しく，卸各社は縮小するパイをめぐって激しく競争しています。

しかし，国本物産は，2005年に就任した３代目社長の強力なリーダーシップで，大きく成長しています。大手があまり取り組まない地方の中小の食料品店などにターゲットを絞り，提案型営業を推進しています。また，小規模な同業他社との提携やM&Aにも意欲的に取り組んできました。

国本物産の2017年12月期と2022年12月期の貸借対照表・損益計算書と従業員数は次頁のとおりです。損益計算書・貸借対照表を趨勢分析したうえで，同社の経営の特徴と問題点を指摘してください。

貸 借 対 照 表

（単位：百万円）

| | 2017年12月末 | 2022年12月末 |
|---|---|---|
| 【資産の部】 | | |
| Ⅰ流動資産 | 6,712 | 11,644 |
| 現金預金 | 458 | 643 |
| 受取手形および売掛金 | 4,394 | 7,754 |
| 棚卸資産 | 852 | 1,762 |
| その他流動資産 | 1,041 | 1,535 |
| 貸倒引当金 | ▲33 | ▲50 |
| Ⅱ固定資産 | 2,708 | 3,132 |
| （有形固定資産） | 1,136 | 1,255 |
| 建物・構築物 | 455 | 570 |
| 機械装置および運搬具 | 342 | 311 |
| 土地 | 201 | 201 |
| 建設仮勘定など | 138 | 173 |
| （無形固定資産） | 221 | 230 |
| （投資等） | 1,351 | 1,647 |
| 投資有価証券 | 1,001 | 1,446 |
| その他 | 350 | 201 |
| 資産合計 | 9,420 | 14,776 |
| 【負債の部】 | 7,532 | 11,920 |
| （流動負債） | 4,312 | 6,943 |
| 支払手形および買掛金 | 3,332 | 4,922 |
| 短期借入金 | 765 | 1,177 |
| 1年以内返済の長期借入金 | 15 | 22 |
| その他流動負債 | 200 | 822 |
| （固定負債） | 3,220 | 4,977 |
| 長期借入金 | 2,080 | 2,668 |
| 退職給付引当金 | 349 | 465 |
| その他固定負債 | 791 | 1,844 |
| 【純資産の部】 | 1,888 | 2,856 |
| 資本金 | 100 | 100 |
| 資本剰余金 | 75 | 75 |
| 利益剰余金 | 79 | 79 |
| その他 | 1,634 | 2,602 |
| 負債・資本合計 | 9,420 | 14,776 |

損 益 計 算 書

（単位：百万円）

| | 2017年度 | 2022年度 |
|---|---|---|
| 売上高 | 41,248 | 60,173 |
| 売上原価 | 38,237 | 56,021 |
| 売上総利益 | 3,011 | 4,152 |
| 販売費　般管理費 | 2,632 | 3,614 |
| （人件費） | 1,481 | 2,175 |
| （販売費） | 553 | 709 |
| （その他経費） | 598 | 730 |
| 営業利益 | 379 | 538 |
| 営業外収益 | 52 | 77 |
| （受取利息配当金） | 22 | 31 |
| （その他営業外収益） | 30 | 46 |
| 営業外費用 | 46 | 72 |
| （支払利息） | 31 | 55 |
| （その他営業外費用） | 15 | 17 |
| 経常利益 | 385 | 543 |
| 特別利益 | 15 | 11 |
| 特別損失 | 2 | 7 |
| 税引前当期利益 | 398 | 547 |
| 法人税等 | 159 | 213 |
| 当期純利益 | 239 | 334 |

| | | |
|---|---|---|
| 社員数（パートは正社員換算） | 158 | 243 |

☞ 解説はp.183

# 第3章 損益分岐点と費用構造を計画する

本章のポイント　環境分析に基づき，事業計画を作ります。事業計画では，魅力的な戦略・ビジネスモデルを策定する必要があり，損益分岐点を計算して事業の妥当性を検証します。また，費用構造を計画化し，中期経営計画や年度予算という形で具体化します。

## 1 戦略とビジネスモデルの策定

### ビジョン・戦略・ビジネスモデルを決める

経営環境の分析を終えたら，続いてどのように事業展開するかを決めます。

まず，事業をすることによって到達するビジョンを設定します。ビジョンとは，企業が到達したい将来像です。

たとえば，飲食チェーンのワールドワン（仮名）では，飲食ビジネスで培った接客ノウハウという強み（Strength）と高齢者が増えているという機会（Opportunity）を捉えて介護事業を新たに展開しようと考えているとします。介護事業について「ホスピタリティで高齢者に快適な老後生活を提供する」というビジョンを策定します。

続いて，ビジョンを実現するための経営戦略を策定します。経営戦略とは，ビジョンを達成するための長期的な全体方針です。経営戦略は広い範囲に及びますが，成長戦略と競争戦略に大別することができます。

事業の組合せやどの顧客・地域に事業展開するかといった事業の領域を決めるのが成長戦略です。ワールドワンは，まず首都圏のリーズナブルな介護を求める高齢者をターゲットに介護施設を運営し，軌道に乗ったら順次全国展開することを考えています。

事業の領域が決まったら，そこにいる競合他社に対して優位性を構築するための競争戦略を検討します。ワールドワンは，飲食ビジネスで培った接客ノウハウ，美味しい介護食，飲食業との共同仕入れなどが他社に対する競争優位になると期待しています。

こうして事業の大まかな戦略が決まったら，それをビジネスモデル化します。**ビジネスモデル**とは，基本的な事業の設計のことで，誰に対してどのような製品・サービスをどのように提供し，どのように収益を得るのかということです。ワールドワンでは，高額な入居一時金が社会問題化していることから，入居一時金の額を抑えて，月々の賃料収入をメインにすることを検討しています。

ワールドワンのように新たに事業を始める場合はもちろんのこと，既存の事業を改革するうえでも，こうしたビジョン・戦略を明確にすることは大切です。

### ❖ 損益分岐点分析で現実性を確かめる

ビジョン・戦略は，夢や現状からの飛躍があることが大切です。夢がない，あるいは現状と大して変わらないものでは，利害関係者の「よし，やろう！」という能動的な貢献を引き出すことができません。

では，夢や飛躍が大きければ大きいほど良いかというと，そうではありません。あまりにも現実離れしたビジョン・戦略では，利害関係者が「そんなの，できっこないよ」と考えてしまいます。適度に現実的であることが大切です。

この現実性を確認するうえで極めて大切なのが，損益分岐点の分析です。

損益分岐点とは，利益がゼロになるような売上高あるいは販売数量を意味します。ワールドワンのような新規事業だけでなく，不振の事業を改善する場合も，損益分岐点を超えて黒字化することが最初の目標になります。

損益分岐点分析は，**CVP分析**と言われるように，事業に伴って発生するCost（原価）・Volume（活動量）・Profit（利益）の関係を分析することです。戦略・ビジネスモデルを実行する過程で発生するコストを上回る売上高を上げることができるかどうかを確認することで，戦略・ビジネスモデルの妥当性を検証することができます。

### ❖経営計画と予算で具体化する

損益分岐点などを勘案して現実的なビジョン・戦略を策定すれば，あとは自動的に成果が実現するかというと，そうとは限りません。成果を実現するまで，着実にPDCAを踏んでいく必要があります。

最初のＰの中でもう１つ大切なのは，具体的な実行計画や予算に落とし込むことです。ビジョン・戦略で「こういう方向に進んで行こう」とわかるだけでなく，実行計画や予算で「こういうことをしよう」とわかることで，実現性が大いに高まります。

企業では，向こう３～５年のビジョン・戦略と実行計画を統合した**中期経営計画**を策定し，さらにそれを短期化した年度予算，月次予算にブレイクダウンすることが一般的です。

## 2　損益分岐点分析

### ❖コスト・ビヘイビア

ここからは，戦略やビジネスモデルを数字で検証し，計画化することについて考えていきましょう。まず損益分岐点分析です。

損益分岐点は，事業の利益がゼロとなる売上高・販売数量のことです。別の見方をすると，事業のために要する費用を超える売上高が得られるかどうかという分岐点のことです。

費用は，活動量（Volume）に応じて発生し，変動費と固定費に分けることができます。活動量の変化に伴うコストの発生状況を**コスト・ビヘイビア**（cost behavior）と言います。

- **固定費（Fixed Cost）**……活動量に関係なく一定額が支出される経費
- **変動費（Variable Cost）**……活動量に比例して支出額が増減する経費

活動量は，販売数量でも，設備稼働率でも，機械運転時間や労働時間でも構いません。一般に，販売数量をよく用います。

損益分岐点を計算・分析するには，まず費用を固定費と変動費に分解します。費用を分解する方法としては，勘定科目法や最小自乗法などがあります。

●**勘定科目法**……減価償却費・運賃・給料といった勘定科目（費用の集計単位）ごとに固定費・変動費を判別する方法

勘定科目法は直感的にわかりやすいこと，各部門の経費予算に展開しやすいことから，採用する企業が多いようです。ただ，判別が恣意的になりやすいという問題があります。

たとえば，電力料金・水道料金などは，契約しているだけで定額の支払いが発生する固定費の部分と，使用量に応じて支払額が変化する変動費の部分があります。こうした費用のことを**準変動費**と言います。また，プロバイダーに支払う使用料のように，階段状に発生する**準固定費**もあります。

縦軸に金額，横軸に活動量をとると，変動費・固定費・純変動費・純固定費は**図表３-１**のようになります。

**図表３-１**　**コスト・ビヘイビア**

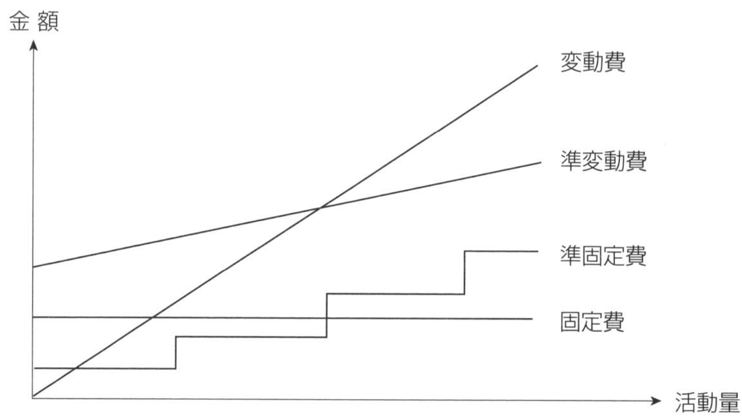

実務的には，「すべて固定費としておこう」「固定費６：変動費４の割合にしておこう」などと「えいやっ」で決めることが多く，勘定科目法には曖昧さがあります。

●**最小自乗法**……売上高と総費用のデータから，統計的に固定費の総額と変動費率を推計する方法

変動費率$\alpha$（＝変動費Ｖ÷売上高Ｓ）が変化しない一定の期間においては，「総費用Ｙ＝Ｓ×$\alpha$＋固定費Ｆ」という一次方程式になります。年・月などの単位で売上高と総費用のデータを入手すれば，Excelなどの表計算ソフトで統計的に変動費率$\alpha$と固定費の総額Fを求めることができます。

## ❖損益分岐点の公式

勘定科目法で費用を固定費と変動費に分解できたら，あるいは最小自乗法で固定費の総額と変動費率がわかったら，以下の公式によって損益分岐点を計算できます。

$$\textbf{損益分岐点売上高} = \frac{\text{固定費 F}}{1 - \alpha}$$

ここで，１－$\alpha$のことを限界利益率と言います。**限界利益**とは売上高と変動費の差額です（限界利益＝Ｓ－Ｖ)。ある操業状態から販売数量など活動量を増やすと，固定費は変化せず，売上高と変動費が追加的に発生します。つまり，活動量の変化によって追加的に発生するのが限界利益で，限界利益ですべての固定費を吸収して利益ゼロになるのが損益分岐点ということです。

いきなり公式を示されても理解しにくいでしょうから，公式の導き出し方を示しておきます。まず，損益計算書から，

売上高Ｓ－(固定費Ｆ＋変動費Ｖ)＝利益Ｐ

Ｖを変動費率$\alpha$＝Ｖ/Ｓを使って表すと，

$$S - (F + S \times \alpha) = P$$

求めたいのは利益ゼロの売上高なので，Ｐをゼロと置くと

$$S - (F + S \times \alpha) = 0$$
$$S \times (1 - \alpha) = F$$
$$S = F \div (1 - \alpha)$$

こうして公式が導き出されました。

ついでに，目標利益Ｐを達成するための必要売上高を算出する公式を示しておきます。先ほどＰをゼロと置きましたが，ゼロと置かなければ，次の公式が導き出されます。

$$\textbf{必要売上高} = \frac{\text{固定費}F + \text{目標利益}P}{1 - \alpha}$$

１つ覚えるのも２つ覚えるのも労力はあまり変わらないでしょうから，基本公式と併せて覚えておいてください。

なお，実際の売上高に対する損益分岐点売上高の割合のことを安全余裕率と呼びます。

$$\textbf{安全余裕率} = \frac{\text{実際の売上高} - \text{損益分岐点売上高}}{\text{実際の売上高}}$$

安全余裕率が高い事業は，損益分岐点に対する余裕があり，文字どおり安全性が高く，余裕のある事業と言えます。安全余裕率は「20％以上必要」と言われたりしますが，事業内容や経営環境によって差があり，絶対的な目安はありません。

Column コラム

## 短期・中期・長期

企業経営では，短期・中期・長期という時間の区分をします。

時間のとり方は企業によってまちまちですが，短期は１年以内，中期は３年，長期は５年以上を指す場合が多いようです。

ただ，経済学では，少し違った考え方をします。時間の長さではなく，固定的生産要素の有無で短期・長期を区別します。

固定的生産要素とは，工場・大型設備のように，時間をかけないと変更できない要素のことを言います。一方，労働力や原材料など，比較的短期間で投入量を変更できるものを可変的生産要素と言います。

逆に固定的生産要素はすぐには変更できませんが，長い目で見ると変更することができます。ですから，長い目で見ると，工場・大型設備も固定的生産要素ではなく，可変的生産要素になります。

固定的生産要素が存在し，設備水準が一定の状況を短期，固定的生産要素が存在しない場合を長期と言います。ですから，１年でも長期，３年でも短期ということが起こり得ます。

管理会計は，基本的にはこうした経済学の考え方に則っています。この章で紹介する損益分岐点の分析は，設備水準の変更がない状況で，生産量などの変化によって利益がどう変わるかを分析・計画するものなので，短期の意思決定です。それに対し，第５章の投資採算分析は，投資によって設備水準を変更するという話なので，長期の意思決定と言われます。

微妙なのは，本章の後半で紹介する中期経営計画です。経済学あるいは伝統的な管理会計では，中期という概念はありません。日本の大企業では，３年単位の中期経営計画を策定することが一般的ですが，アメリカではそれほど一般的ではありません。「皆がやっているけど，誰も正確な意味を知らない」という日本的な状況だと言えましょう。

### ❖ 損益分岐点分析の実際

損益分岐点を計算し，戦略・ビジネスモデルの妥当性を検証してみましょう。

ワールドワンが始める介護施設１カ所当たりの情報は，以下のような見積りです。

- 入居者数　最大120名
- 固定費　165,000千円/年（管理費・減価償却費・広告宣伝費など）
- 入居者１人当たり収入　205,000円/月（入居一時金は，ほとんどを退去時に返還するので，計算上は無視します）
- 入居者１人当たり変動費　65,000円/月（ヘルパーの手数料，水光熱費など）

まず，公式を使って，売上高と入居者数について損益分岐点を求めます。

変動費率＝変動費65,000円÷205,000円＝31.7％

損益分岐点売上高：固定費165,000千円÷（１－0.317）＝241,581千円

※変動費率を小数点２位で四捨五入

損益分岐点入居者数：241,581千円÷(205,000円×12)＝98.2人

売上高で年241百万円，入居者数で98人超を確保できれば黒字化できます。市場調査の担当者によると，他の業者の価格と入居状況から，98人を集客するのは問題なさそうとのことです。

ただし，120名の定員いっぱい入居しても，売上高は295百万円（＝１人当たり収入205,000円×120名×12カ月）で，営業利益は最大54百万円（＝最大売上高295百万円－損益分岐点241百万円）に過ぎません。損益分岐点のときの稼働率は81.8％（＝98.2名÷最大120名）に達しており，「８割埋まらないと黒字にならない」というのはかなり厳しい状態です。

そこで，賃料は適切な水準か，固定費・変動費を削減する余地はないか，キャパシティを120名よりもっと大きくすることは可能か，そもそも入居一時金を抑えて賃料収入で収益を確保しようというビジネスモデルは妥当なのか，

といった検討が必要です。

## 3 営業レバレッジ

### ❖ 変動費主体か，固定費主体か

さて，ここからは少し発展的な話です。

世の中には，変動費中心の事業もあれば，固定費主体の事業もあります。どちらが有利・不利でしょうか。

たとえば，**図表３-２**のＡ社とＢ社を見て，あなたが事業経営をするなら，どちらの企業を選びますか？

**図表３-２　営業レバレッジ①**

| | Ａ社 | Ｂ社 |
|---|---|---|
| 売上高 | 100 | 100 |
| 変動費 | 80 | 0 |
| 固定費 | 0 | 80 |
| 営業利益 | 20 | 20 |

両社の売上高・利益は同額ですが，費用構造が大きく異なります。Ａ社は変動費主体（主体というよりオンリー），Ｂ社は固定費主体です。

結論的には，売上高が減少するなど事業の見通しが暗いならＡ社，売上高が増加するなど事業の見通しが明るいならＢ社が有利です。

### ❖ 費用構造と収益変動のリスク

これを数字で確かめましょう。売上高が20ずつ増減したら，両社の損益は**図表３-３**のようになります。

図表3-3 営業レバレッジ②

| | A社 | | | B社 | | |
|---|---|---|---|---|---|---|
| 売上高 | 80 | 100 | 120 | 80 | 100 | 120 |
| 変動費 | 64 | 80 | 96 | 0 | 0 | 0 |
| 固定費 | 0 | 0 | 0 | 80 | 80 | 80 |
| 営業利益 | 16 | 20 | 24 | 0 | 20 | 40 |

A社は，売上高が減ってもそれに比例して変動費も減るので，経営状態が悪化する局面でも営業利益がそれほど減りません。固定費がないので，売上高がゼロでも赤字になりません（損益分岐点はゼロ）。逆に経営状態が改善する局面では，売上高増加にともなって変動費が増えるので，利益はあまり増えません。

B社は，売上高が減っても固定費（＝総コスト）は減らないので，経営状態が悪化する局面では売上高減少がそのまま営業利益の減少に繋がります。逆に経営状態が改善する局面では，売上高が増加しても固定費は増えないので，売上高増加がそのまま営業利益の増加になります。

この状態を「A社はローリスク，B社はハイリスク」と言います。**リスク**（risk）というと，日常用語では「危険」を意味しますが，ファイナンスでは収益変動の不確実性がリスクです（p.13参照）。つまり，先ほどの設定で，A社の営業利益は16～24の狭い範囲に収まるのでリスクが小さく，B社は0～40と振れ幅が大きいのでリスクが大きいと言えます。

A社とB社のどちらを選ぶか，という問いに対しては，通常，人間はリスクを回避しようとする特性（**リスク回避的**：risk averse）があるので，大半の人はリスクが少ないA社を選びます。ただ，なかにはリスクを好む人がいて（リスク選好的：risk appetite），B社を選ぶことがあります。

## ❖ 営業レバレッジ

A社とB社の違いについて別の表現をすると，「A社は営業レバレッジが低い，B社は営業レバレッジが高い」と言います。

レバレッジ（leverage）とは梃子（てこ）のことです。以下の式で営業レバレッジ

(operating leverage) を計算します。

**営業レバレッジ**＝(営業利益の変化÷営業利益)÷(売上高の変化÷売上高)

計算すると，Ａ社は1.0，Ｂ社は5.0です。売上高が20％増減する状況で，Ａ社の営業利益は売上高とまったく同じ20％増減しており，レバレッジが効いていません。Ｂ社の営業利益は５倍の100％増減しており，レバレッジが効いています。

先ほどのリスクと同じ結論で，経営状態が下向きのときにはＡ社のように営業レバレッジが小さいほうが有利で，経営状態が上向きの時にはＢ社のように営業レバレッジが大きいほうが有利になります。

なお，ここでは営業レバレッジを検討しましたが，レバレッジには，もう１つ重要な財務レバレッジがあります（p.116参照）。

### ❖利益を増やすには？

営業レバレッジと事業活動はどう関係するのか，もう少し詳しく見てみましょう。

利益を増やすには，次の４つの方法があります。

①　販売数量を増やす
②　販売単価を上げる
③　固定費を減らす
④　変動費単価を下げる

この４つのどれが有効かは，営業レバレッジによって決まってきます。

Ａ社のように営業レバレッジが小さい場合，利幅を増やすこと，つまり②と④を優先します。そのうえで①に取り組みます。

Ｂ社のように営業レバレッジが大きい場合，販売数量の増加が利益に直結するので，①を優先します。それが難しいという場合，②や③に取り組みます。

近年のリストラ・ブームで，固定費を削減することが経営の最優先課題だという風潮になっていますが，営業レバレッジが大きい企業ではまずは販売数量の増加に全力を傾けるべきなのです。

### ❖ 固定費の変動費化

ところで，A社・B社はそれぞれどういうタイプの事業かイメージが湧きますか？

A社は商社・代理店のような業種，B社は通信・鉄道のような業種です。ただ，実際には，A社のように完全に変動費だけの事業も，B社のように完全に固定費だけの事業も存在しません。**図表3-4**のように，すべての事業は，A社とB社の中間のどこかにあります。

**図表3-4　固定費の変動費化**

企業の費用構造は，小売業ならややA社に近い，メーカーならややB社に近い，という具合に，業種によって概ね決まってくることでしょう（工場を持たないファブレス・メーカーならA社に近くなります）。

問題は，それをAとBのどちらに近づけようとしているか，です。A社に近づけること，つまり固定費を削減してそれを変動費に置き換えることを，よく「**固定費の変動費化**」と言います。正社員に代えてパート・アルバイトを活用する，内製から外注に切り替える，設備投資をせずリースを活用する，といった身軽な経営を目指す動きです。2008年のリーマンショック・2011年の東日本大震災・2020年のコロナショックで需要急減に直面し，とにかく利益をねん出するため，メーカーを中心に「固定費の変動費化」が大ブームになりました。

### ❖費用構造を企画する

しかし，常に「固定費の変動費化」が正しいというわけではありません。

リーマンショック後などのような事業の見通しが暗い時は，たしかに「固定費の変動費化」が正解です。しかし，これから事業が伸びていくという好況時には，せっかくがんばって売上高を増やしても変動費もそれに伴って増えるので，利益があまり増えません。事業が置かれた環境によって，あるべき費用構造は違ってくるのです。

なお，複数の事業を営む企業では，企業全体ではなく，事業単位で費用構造を考える必要があります。企業全体では業況が下り坂でも，上り坂の事業であれば，「固定費の変動費化」を進めるべきではありません。逆に，企業全体が上り坂でも，下り坂の事業であれば，「固定費の変動費化」を進めるべきです。

また同じ事業でも，需要が低迷する国内部門は「固定費の変動費化」を進めるが，需要が拡大するアジア部門は逆に「変動費の固定費化」を進める，といった対応が考えられます。

いずれにせよ，事業環境を勘案して，費用構造を主体的に企画・コントロールする必要があるということです。

前出のワールドワンの場合，本業の飲食事業は，少子化・人口減少で市場が縮小するなら，「固定費の変動費化」を進めるべきです。逆に新規事業の介護事業は，高齢化による市場拡大に合わせて全国展開するなら，固定費中心のコスト構造にするべきです。

## 4　経営計画と予算制度

### ❖中期経営計画の策定

ビジョン，それを実現するための戦略，そしてビジネスモデルが決まったら，経営計画にまとめます。

日本で一般的なのは，向こう３年間の中期経営計画を策定することです。経営計画を策定する際，１年など期間が短すぎると実現できることが限られて，大きな改革ができません。一方，10年など長すぎると予測が困難で，単なる願望になってしまいます。したがって，一般に３～５年くらい先のあるべき姿を想定して計画を策定します。

中期経営計画の内容はさまざまですが，ここまで検討してきたビジョン・戦略を中心に，次のような内容のものを作成します。

**①　ビジョン・目標**

最終年度までにどのような企業になりたいか，市場においてどのような地位を占めたいか，といった将来像を描きます。また，売上高・利益・シェアなど業績目標を設定するのが一般的です。

**②　経営戦略・経営方針**

事業をどのような方向に発展・拡大させるのか，どのように競争優位を構築するか，などを明示します。そのための重点課題・施策を明らかにします。

**③　投資・資本計画**

どのような投資を行い，どのように資本を調達するのかを見積もり，予想貸借対照表の形でまとめます。

**④　損益計画**

①～③による売上高やコストを見積もり，予想損益計算書の形でまとめます。

これらのうち，①と②を事業計画，③と④を財務計画と呼ぶ場合があります。

### ❖固定的計画法か，ローリング・プランか

中期経営計画には，３年間など決められた期間は計画を変更しない固定的計画法と期間中に計画を変更する**ローリング・プラン**（rolling plan）があります。典型的なローリング・プランは，毎年計画を見直して，常に向こう３カ年の計画が存在する状態にするものです。

ローリング・プランは，環境変化に合わせて修正を行うことによって目標を達成する現実性が高まります。環境変化の激しい今日，立案した計画が実態に合わなくなるケースが増えています。現実的な計画を提示することで，従業員らの達成意欲を高めることができるのが，ローリング・プランのメリットです。

一方，デメリットは，頻繁に計画が変わるので，必達目標としての位置付けがあいまいになり，逆に従業員らの達成意欲が低下してしまう場合があることです。また，計画策定に手間・コストがかかります。

このようにローリング・プランには良し悪しがありますが，近年は，中期経営計画を必達目標として従業員に共有，利害関係者に発信することを重視する傾向にあり，ローリング・プランを採用する企業は減っています。

ただし，リーマンショック・東日本大震災・コロナショックのような想定外の大きな変化があると，固定的計画では実態と大きくかい離し，さすがに関係者からの信頼を失ってしまいます。大きな変化があった場合は，柔軟に計画を見直す必要があります。

予期せぬ事態に備えて，あらかじめ定めておく緊急時対応計画のことを**コンティンジェンシー・プラン**（contingency plan）と言います。また，危機的状況においても重要な業務を継続できるように対応を用意する計画をBCP（Business Continuity Plan：事業継続計画）と言います。

コンティンジェンシー・プランは「緊急時の対応」にフォーカスした短期の計画，BCPは「緊急時における業務の継続」に重点を置いた中長期の計画と説明されますが，最近はほぼ同じ概念と捉えるようになっています。

### ❖ 年度予算・月次予算への展開

中期経営計画を年度ごとにブレイクダウンし，年度予算に具体化します。さらに年度予算を月次予算に具体化します。

予算の内容は企業によって大きく異なりますが，製造業における標準的な予算体系は次頁の**図表３-５**のとおりです。

そして，予算を各部門に配分します。投資・販売・費用などの使用権限を決めておき，予算で承認された範囲であれば，各部門が責任を持って執行します。このように，予算制度は，現代組織の大きな特徴である権限委譲を実現する制度的な仕掛けなのです。

図表3-5　予算体系

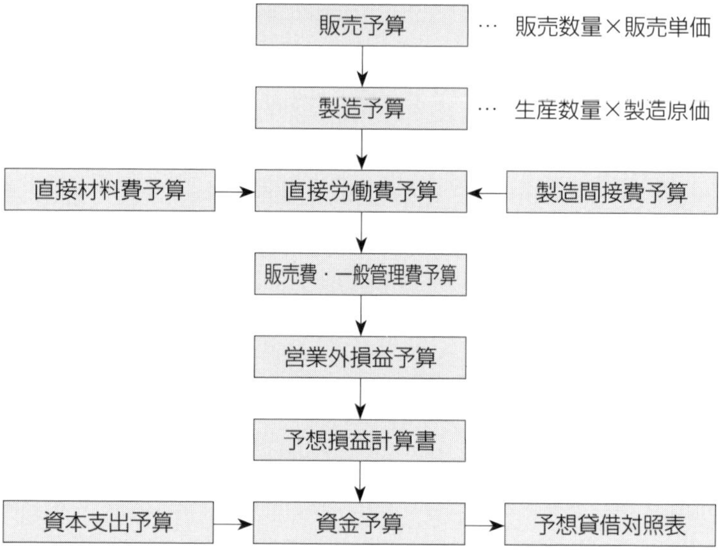

## チェックポイント

1　自社や所属事業では，どのように変動費と固定費を分解していますか。それは実態を正確に反映していますか。

2　自社や所属事業の損益分岐点と安全余裕率を計算してください。それらを過去の数値や同業他社と比較し，事業にどのような特徴・問題があるのかを分析してください。

3　自社や所属事業は，変動費主体の事業構造ですか，固定費主体ですか。

4　また変動費主体に近づけようとしていますか（固定費の変動費化），固定費主体に近づけようとしていますか。その判断は事業の将来性や市場環境の変化に合致しているでしょうか。

5　自社には，中期経営計画はありますか。中期経営計画の内容を確認してください。

6　過去の中期経営計画の目標と達成状況を確認し，中期経営計画の妥当性を確認してください（適度に挑戦的で，適度に現実的でしょうか）。

7　自社の予算制度について特徴や問題点を確認してください。

## ケース演習②　理容店チェーンの損益分岐点分析

起業家の山中は，新しいタイプの理容店チェーンの展開を検討しています。「10分間1,000円」をうたって，短時間・低価格で散髪を済ませたいオフィス街のビジネスパーソンのニーズを取り込みます。

付加的なサービスや値引きはなしで，売上単価は客１人当たり1,000円と想定します。

営業時間は朝８時から20時までで，月25日営業します。理容師は８時間勤務で，午前組と午後組の二直体制をとり，常時最低２人を配置しますが，来店客が増える昼休み時間とその後のピーク時にはシフトの重なりを設けて４人体制とします。

顧客１人の調髪ごとに200円の歩合給を理容師に支払います。変動費は，この歩合給だけです。

固定費は以下のとおりです。

①　従業員は４人で，基本給は月20万円／人

②　賃借料：月30万円

③　減価償却費：月10万円

④　広告宣伝費：月５万円

⑤　水光熱費など：月５万円

山中は，まずこのビジネスモデルで試験的に１店舗を出し，メドが立てば，ビジネスモデルを見直したうえで，全国にチェーン展開したいと考えています。

損益分岐点などを計算したうえで，このビジネスを実施するべきかどうか判断してください。また，実施する場合，ビジネスモデルの改善を考察してください。

☞ 解説はp.184

# 第4章 事業資金を調達する

本章のポイント　事業を展開するには資金が必要です。資金調達は，負債か資本か，外部調達か内部調達か，といった区分があり，さまざまな調達方法があります。資金調達方法の内容と選択の仕方について考察した後，資本コストの考え方を紹介します。

## 1 事業活動と資金調達

### ❖ 資金量を確保する

戦略・ビジネスモデルやそれを実現する事業計画が決まったら，計画に沿って活動します。その第一歩が経営資源の調達です。

よく，ヒト・モノ・カネ・情報と言われるように，事業を営むにはさまざまな経営資源が必要です。そのうち，カネ（資金）の調達について本章で検討します。

第１章で確認したとおり，事業活動とは，貸借対照表の右側から資金を調達し，左側に運用し，企業価値を高めるプロセスです。左側の資産への投資，たとえば，販売に必要な在庫を持ったり，新工場を設立したり，M&Aで他社を買収したり，という場合，必ず資金が必要になります。

したがって，右側の調達では，左側の投資に必要な資金量を確保することがまず重要な課題です。日本では，伝統的に銀行借入金による調達が主体でしたが，近年，調達手段は多様化しており，大手企業を中心に資本市場から直接調達する割合が高まっています。

### ❖ 資本コストを意識する

ただ，事業に必要な資金量さえ確保できればよいかというと，そうではありません。

銀行からにせよ，株主からにせよ，資金はタダでは調達できません。あまりに高いコストで資金調達すると，左側の運用で調達コストを上回る利回りを確保することが難しくなります。企業価値を高めるという観点からは，低コストで資金調達する必要があります。

企業の平均調達コストのことを加重平均資本コスト（WACC）と言い，WACCを管理し，企業価値を高める状態になっているかどうかを確認します。

資金調達を担当するのは財務部門で，事業責任者や他部門のマネジャーの業務と直接関係するわけではありません。ただ，p.17で「お金に色はついている」と紹介したように，資金の性質・役割を意識して事業活動に取り組むことは大切です。経営者・従業員は，さまざまな資金提供者，とくにリスクを取って資金を提供してくれる株主の期待を意識し，効率的な事業活動をすることが責務なのです。

## 2 資金調達の方法

### ❖ 資金調達方法の体系

まず，資金調達の方法を確認しましょう。

近年，金融技術の発達で実にさまざまな資金調達手段が登場していますが，大きくは，負債と自己資本（純資の部），外部金融と内部金融に分類するのが一般的です。外部金融とは企業が外部から資金を導入することです。内部金融とは企業が事業活動によって資金を作り出すことで，一般にキャッシュフローと言います。

企業の資金調達を企業金融と言い，代表的な方法を**図表4－1**のように整理することができます。

**図表4-1　資金調達の体系**

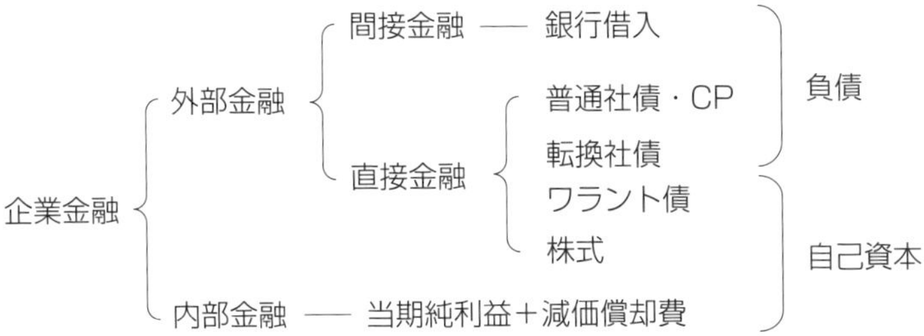


### ❖ 間接金融・直接金融

それぞれの資金調達方法を確認しましょう。

まず外部金融は，間接金融と直接金融に分けることができます。

**間接金融**は，銀行借入金や商工ローンなど，金融機関の仲介によって投資家（銀行借入の場合は預金者）から資金を調達する方法です。金融の専門家である銀行を通して，簡単な手続で大量の資金を調達することができます。

一方，**直接金融**は，企業が投資家から直接資金を調達する方法です。代表的な方法として，普通社債，CP，転換社債型新株予約権付社債，新株予約権付社債，株式があります。

- **普通社債**（Straight Bond：SB）：企業が社債券を発行し，投資家に販売することで資金を調達します。投資家には毎年利息を支払い，決められた期限になったら，企業は投資家から社債券を買い戻します（調達した資金を返済）。
- **CP**（Commercial Paper）：企業が短期の約束手形（一定の期日に一定の金額を支払うことを約束する有価証券）を発行し，それを金融機関などに割り引いて買い取ってもらい，資金を調達します。発行期間は1年未満で，最短は1日です（オーバーナイトと呼びます）。
- **転換社債型新株予約権付社債**（Convertible Bond：CB）：一般には旧名で転換社債と呼びます。社債に加えて，社債を事前に決められた転換価格で発行企業の株式に転換できる権利が付いています。CBを発行する時は負債ですが，転換すると自己資本になります。権利が付いている分，普通社債より利率は低くなります。

- **新株予約権付社債**（Warrant Bond：WB）：一般には旧名でワラント債と呼びます。社債に加えて，発行企業が発行する株式を決められた一定価格で買い取る権利が付いています。権利が付いている分，普通社債より利率は低くなります。
- **株式**（**増資**）：企業が株式を発行して投資家に販売することで資金を調達

*Column*（コラム）

**格　付**

リーマンショック以降，格付がよく話題に上ります。

**格付**とは，企業が発行する債券の債務履行の安全性を評価することです。格付を行う格付機関としては，アメリカのムーディーズやS&P，日本のR&IやJCRなどが有名です。格付機関というと役所のような公的な印象を持ちますが，すべて純然たる民間企業です。

企業が普通社債など債券を発行する場合，格付機関に債務履行の安全性を格付してもらいます。1996年までは一定水準以上の格付を取得することが発行の条件でしたが（適債基準と言います），今は格付が低くても発行できます。

格付は，「AAA（トリプル・エー）」「B－（シングルビー・マイナス）」などと記号で表されます。日本では「格付は高ければ高いほど良い」という信仰が強く，2009年にS&Pがトヨタを最上位の「AAA」から「AA＋」に格下げしたとき，「アメリカの横暴だ」と大騒ぎになりました。

しかし，格付は債券の安全性を評価しているに過ぎません。p.40でも紹介したように，債券が安全かどうかと発行企業が優良かどうかとは，かなり別の問題です。

実際，アメリカでは，高い格付を取得するために財務上の制約（高い自己資本比率の維持など）を負うことを嫌って，「A（シングル・エー）」などほどほどの格付を目指す企業が多いと言われます。

します。一般に増資と呼びます。

なお，銀行借入・私的な借入れ・増資は比較的自由に実施できますが，SB・CP・CB・WBによる調達では，安全性を評価する格付を格付機関から取得することが事実上必要で，それほど自由ではありません。

日本では，戦後長く金融市場が未発達で，間接金融による資金調達が主体でした。多くの企業は，メイン銀行と密接な関係を築き，資金調達にとどまらず二人三脚で企業経営をしてきました。ところが，1980年代後半以降，金融市場が発達し，企業は間接金融から直接金融に切り替えるようになりました。バブル崩壊後は銀行が体力を失ったこともあり，企業経営における銀行の役割は低下しています。

ただ，非上場企業では，金融市場へのアクセスが制約されており，依然として銀行からの資金調達が主体です。

### ❖ 増資が資金調達の基本

日本では間接金融を主体にする企業が多くあります。とはいえ，増資が最も基本的な資金調達です。資金調達方法の選択については後ほど検討しますが，事業に必要な資金を株主が増資によって自分でまかない，足りない部分があるときや調達コストを下げたいときに負債を活用するというのが基本的な考え方です。増資にはいくつかの側面があります。

#### ① 有償増資と無償増資

新株を発行して株主から一定金額の払込みを受ける有償増資と，払込みを伴わない無償増資があります。一般的には，増資といえば有償増資を意味します。

#### ② 事業の発展段階

会社設立時に出資し，その後は事業発展に応じて増資をします。株式を公募や売出しによって新規に公開することをIPO（Initial Public Offering）と言います。

③ 増資の引受け先

一般投資家に広く株式を売り出すことを公募増資，既存株主に増資を引き受けてもらうことを株主割当増資，既存株主以外の特定の投資家・企業に株式を引き受けてもらうことを第三者割当増資と言います。

### ❖ 内部金融と減価償却費

内部金融は，事業活動を通して企業自身が生み出す資金で，各年度の資金創出額（キャッシュフロー）を以下の式で算出します。

**内部金融**（キャッシュフロー）＝当期純利益＋減価償却費

ここで，「減価償却費を足す」という作業の意味を確認しておきましょう。

減価償却とは，固定資産について経年劣化などで資産価値が減少した部分を費用化する会計手続です。

たとえば，ある企業が500万円で社有車を購入し，５年間使用するとします。500万円を購入時点で費用に計上すると，購入した年の損益が悪化し，２年目から５年目は社有車を使用しているのに費用を負担しないということになります。

**図表４－２　減価償却費**

| | 減価償却費（損益計算書） | 帳簿残高（貸借対照表） |
|---|---|---|
| 購入時 | | 500 |
| １年目 | ▲100 | 400 |
| ２年目 | ▲100 | 300 |
| ３年目 | ▲100 | 200 |
| ４年目 | ▲100 | 100 |
| ５年目 | ▲100 | 0 |

やはり，5年間使用するなら，購入時点に一括で費用にするのではなく，5年かけて費用化するのが合理的です。そこで，購入したらまず固定資産に計上し，5年間均等額を減価償却費に振り替えます（均等額を費用化する方法を**定額法**と言います。この他に定率法などもあります）。

この例では，毎年減価償却費100万円が損益計算書に計上されていますが，購入時点以外には現金支出はありません。仮にこの企業が1年目に当期純利益を500万円計上していて，固定資産は社有車だけとしたら，現金支出を伴わない費用（非資金費用と言います）100万円が含まれていますから，実際にこの年に生み出したキャッシュフローは，600万円になります。

キャッシュフロー＝当期純利益500万円＋減価償却費100万円
＝600万円

つまり，「減価償却費を足す」というのは，正確には，減価償却という会計手続を除外して，実際の資金創出額を確認するということなのです（減価償却については，p.124以降で詳しく紹介します）。

## 3　調達方法の選択

### ❖調達方法の選択基準

さて，こうした多様な資金調達方法の中から，どういう場合にどの調達方法を選択するべきでしょうか。

選択の基準のうち，代表的なものは以下のとおりです。

① 資金の使途・投資リスク

貸借対照表の左側の資産に運用するために資金調達するわけですから，資金をどのように使うか，どの程度のリスクがあるか，が重要な選択基準です。リスクが小さい投資には銀行借入や社債を利用して構いませんが，リスクが大きい投資には，リスク耐久力の高い増資を利用します。

② 調達コスト

企業価値を高めるには，できるだけ低コストな方法で調達する必要があります。資金調達方法によって，利息・配当など調達コストが大きく異なるので，できるだけ低コストの方法を選択します（どの調達方法が低コスト・高コストかは後ほど詳しく検討します)。

③ 量・ロット

調達する資金の量・ロットによって，資金調達手段がある程度決まってきます。少量なら内部資金で調達できても，一度に大量の資金が必要な場合，銀行借入が必要になってくる，という具合です。

④ 返済期間・返済の有無

上記①と関係しますが，返済期間が短い運転資金なら銀行借入やCPが便利ですが，長期の資金ならSB・CB・WBなどを検討します。調達した資金を返済したくないなら，増資を選びます。

⑤ 調達のスピード・容易さ

銀行借入は，調達するスピードが早く，手続も容易です。一方，社債の発行は格付の取得が必要だったり，株式の発行は株主総会の決議が必要だったりと，機動性には欠けます。

⑥ 株主構成の変化

増資あるいはCB・WBという株主資本の調達によって，株主構成が変化する場合があります。

### ❖ 資金の使途が最重要の基準

どの基準を重視して資金調達方法を選択するかは，企業によって，また財政状態や金融市場の情勢などによってまちまちです。ただ，一般的な原則としては，①資金の使途・投資リスクが最も重要です。

貸借対照表の左側への投資には，大なり小なりリスクを伴います。もしも銀行借入や普通社債で調達した資金を使ってリスクが大きい投資，たとえば海外工場の設立をしたらどうなるでしょうか。

投資がうまくいって，十分に大きいキャッシュフローが入ってくるなら問題はありません。しかし，投資が失敗し，キャッシュフローが入ってこないとすると，場合によっては企業全体が危機的な状態に陥ってしまいます。

したがって，固定資産への投資などリスクが大きい投資案件については，絶対に返済しなければならない負債ではなく，返済の必要がない自己資本で調達するべきです。

逆に，棚卸資産や売掛金は，すでに確立された営業プロセスで発生する資産ですから，それほど大きな投資リスクはありません。そこで，コストの高い自己資本による調達よりも，低コストで大量の資金を調達できる負債を活用します。

### ❖ 増資の調達コストが最も高い

資金の使途・投資リスクに次いで重要なのが，②調達コストです。調達方法によって調達コストが大きく異なるので，企業価値を高めるには，できるだけ調達コストの低い方法を選択する必要があります。

さて，「銀行借入」「普通社債」「増資」という代表的な３つの資金調達方法の中で，どれが最も調達コストが高いでしょうか。また，どれが最も低いでしょうか。

結論は，最も調達コストが高いのが増資，次いで高いのが銀行借入，最も低いのが普通社債，という順番です。

増資の調達コストについては後ほど詳しく説明しますが，第１章でも触れたとおり，自己資本の出し手である株主は，銀行や社債投資家と比較して大きなリスクを取って企業に投資をしています。したがって，株主はリスクの大きさに見合った大きなリターンを求めるはずです。企業の側から見ると，株主に提供するリターンが調達コストということになります。

株主からの調達コストというと，配当を思い浮かべますが，当期純利益のうち配当しなかった残りの内部留保も株主のものであり，調達コストです。つまり，配当と内部留保の元になる当期純利益が，株主からの調達コスト（＝株主にとってのリターン）なのです。

一方，株主から見た投資のリターンは，配当と株の値上がりです。内部留保が増えると自己資本の価値が上がるので，理屈のうえでは株の値上がりと一致しますが，値上がりは自己資本の市場評価なので，実際の金額は一致しません。

**図表4-3** 企業のコストと株主のリターン

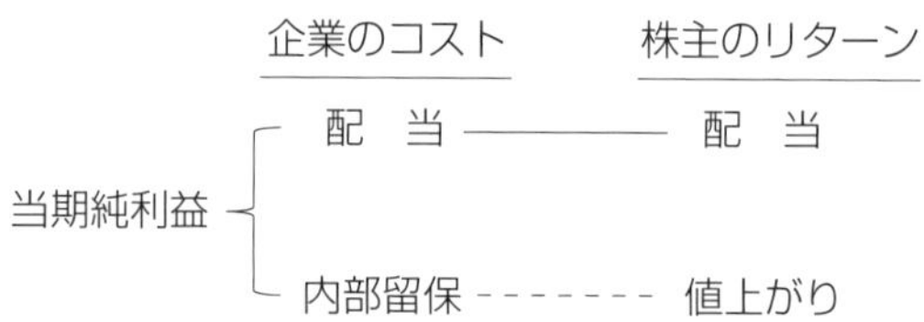


### ❖ 直接金融のほうが低コスト

ここでは，増資は圧倒的にコストが高いというのが重要なポイントです。次いで銀行借入の調達コストが高く，普通社債が最も調達コストが低くなります。２番目と３番目はそれほど重要ではありませんが，理由を説明しておきましょう。

銀行借入のほうが普通社債より調達コストが高いのは，**図表4-4**のとおり，銀行というワンクッションを置くからです。

図表4-4　間接金融と直接金融

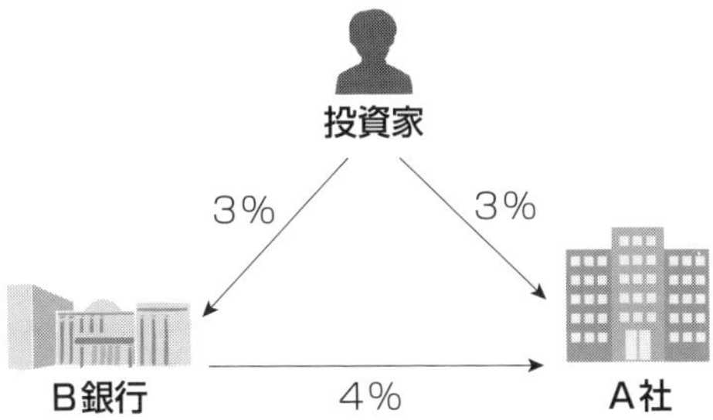


仮にA社とB銀行が同じ格付だとしたら，投資家はたとえば３％という同じ利回りを要求することでしょう。B銀行は３％で調達した資金に利益や経費を１％上乗せして，A社に４％で融資をするはずです。普通社債など直接金融でダイレクトに調達したほうが，ワンクッションなくなる分，コストが低くなるのです。

ここで，「B銀行の格付が高く，１％で投資家から調達できるなら，１％を上乗せしてもA社に２％で貸せるのではないか？　よって，銀行借入のほうが調達コストが低いのではないか？」という疑問が浮かぶかもしれません。しかし，そうではありません。

この状況で，A社とB銀行の信用リスクには，金利でいうと２％（＝A社３％－B銀行１％）の違いがあります。したがって，B銀行が合理的なら，A社の信用リスクを勘案して２％のプレミアムをさらに上乗せし，やはり４％でA社に融資することでしょう。

調達コスト１％＋利益・経費１％＋信用リスク２％＝４％

つまり，企業と銀行の信用度合いなどに関係なく，普通社債のような直接金融のほうが，ワンクッションを省く分，低コストになるのです。1990年代以降，大企業がこぞって銀行借入を縮小し，直接金融の比重を高めたのは，直接金融のほうが低コストであるからだと考えられます。

## 4　資本コスト

### ❖ WACC

ここで，資本コストという考え方を詳しく検討しましょう。事業に使う資金の調達コストのことを**資本コスト**と言います。貸借対照表の右側の調達コストを上回る左側の運用利回りを確保することで企業価値が高まりますから，資本コストが低いことは重要です。

資金の調達は負債か自己資本で，よく２つを組み合わせて調達します。負債と自己資本（純資の部）のそれぞれの調達額に調達コストを掛けて加重平均で調達コストを計算しますので，加重平均資本コスト（WACC）と呼びます。

計算式は，以下のとおりです。

$$\text{WACC}=\frac{\text{負債の調達コスト}\times\text{負債調達額}+\text{自己資本の調達コスト}\times\text{自己資本調達額}}{\text{負債調達額}+\text{自己資本調達額}}$$

たとえば10億円を以下のように調達した場合，WACCは次のように計算できます。なお，負債のコストは，企業の実質的な負担である税引ベース（法人税等を控除した後）を用います。

- 負債：６億円，コスト２％
- 自己資本：４億円，コスト12％

WACC＝(６億円×２％＋４億円×12％)÷(６億円＋４億円)＝６％

### ❖ CAPM

ここで問題になるのが，自己資本の調達コストです。負債の調達コストは，銀行借入金なら借入契約書に書かれていますから，一目瞭然です。ところが，株主から調達する自己資本の調達コストは，「○○％です」とどこかに書かれているわけではありません。

そこでCAPM（Capital Asset Pricing Model：資本資産評価モデル，「キャップエム」と呼びます）という方法で自己資本のコストを推計します。

自己資本コストは，p.16で説明したように，株主が企業に出資するときの期待利回りで，企業は株主のリスクテイクに報いるハイリターンを提供しなければいけません。CAPMは，株主が投資に対して負っているリスクから，期待するリターン（＝企業のコスト）を以下の計算式で推計します。

$$R = Rf + \beta \times (Rm - Rf)$$

この計算式でCAPMは，株主の投資リスクを①無リスクの利子率，②市場リスクプレミアム，③個別株式のリスクプレミアムの３つに分けて考えます。

図表４-５　CAPM

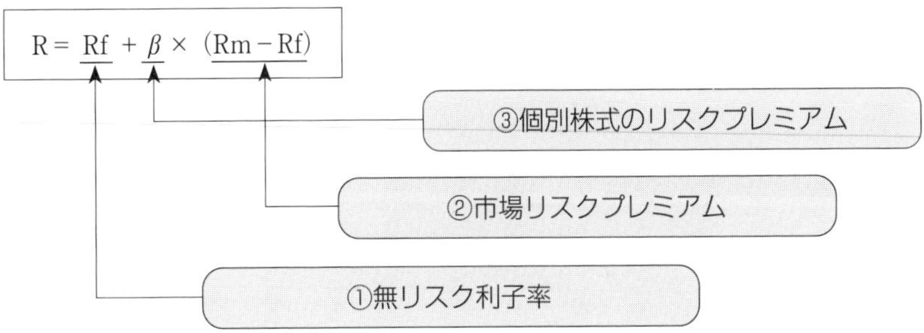


第１段階は，無リスクの利子率Rfです。株主は最終的には企業の株式に投資しますが，まず無リスクの投資先に投資すると考えます。世の中に無リスクの投資先は存在しませんので，一般に新発10年国債の利率を用います。

第２段階は，市場リスクのプレミアム，Rm－Rfです。株主は安全な代わりに利回りの低い無リスクの投資先ではなく，高い利回りを求めて株式市場に入ってきます。Rmは株式市場の期待リターンで，日本ならTOPIX（東証株価指数）や日経平均の利回りを用います。RmとRfの差は，株主がリスクテイクして株式市場に参加したことに対するご褒美と言えます。

### ❖ベータ値

最後の第３段階が**β（ベータ値）**です。株主は，TOPIXのような株式市場全体の株価指数を買うのではなく，最終的に個別の株式に投資します。

多数の株式で構成されている株価指数には分散の効果があり，リスクが低下します。たとえば，円高になったら輸入企業の収益性が上がり，輸出企業の収益性が下がるように（円安なら逆のことが起こります），いかなる経済環境になってもプラスの影響を受ける企業とマイナスの影響を受ける企業があり，影響がかなり打ち消されます。それに対し，個別の株式は分散の効果がないのでリスクが低下しません。個別株式と指数の収益の連動具合がベータ値です。

**図表４-６**のように，過去52週間にわたって週ベースで個別株式と株価指数を買った時の収益率をプロットしたとき，各点の真ん中を通る線の角度がベータ値です。

**図表４-６　ベータ値**

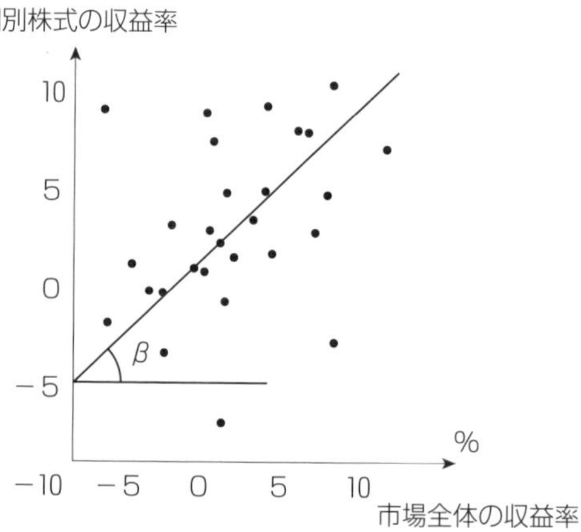


角度が45度ならベータ値は1.0で，個別株式の収益の振れ幅（リスク）が株価指数と一致していることを意味します。ベータ値が1.5とか2.0など1.0より大

きい場合，個別株式の投資リスクが株価指数よりも大きいことを意味します。逆に，0.8とか0.5など1.0より小さいなら個別株式の投資リスクが株価指数よりも小さいことを意味します。

ベータ値は，業種によって大きく異なります。景気に関係なく需要が見込める公共セクターや食品などは1.0を下回りますが，景気に敏感な工作機械，半導体といった業種は1.0を上回ります。

実際には，こうした面倒な計算をしなくても，上場株式については，たとえば「ロイター」のウェブサイト（https://jp.reuters.com/investing/quotes）などからベータ値を入手することができます。

### ❖資本コストの重要性

以下のような情報が得られたら，自己資本コストRを計算できます。

- Rf：4％
- $\beta$：1.5
- Rm：10％

$$R = 4\% + 1.5 \times (10\% - 4\%) = 13\%$$

これまで日本では，日頃の事業活動で経営者・リーダーが資本コストを意識することはあまりありませんでした。1円でも利益が出ていれば，「事業は順調」とされました。しかし，事業活動のグローバル化や外国人株主の増加にともない，資本コストを上回る運用をして企業価値を増やすことが要求されるようになっており，資本コストを意識することが大切になっています。

## 5　株式上場の意味

### ❖株式公開の意味

本章の最後に，株式公開をして自己資本を調達することの意味を考えてみましょう。

現在，日本では約3,800社（2022年３月末3,821社）が株式公開し，上場企業として資本市場から自己資本を調達しています。一方，上場基準を満たしていてもあえて上場しない企業もたくさんあります。上場にはどのようなメリット・デメリットがあるのでしょうか。

《メリット》

① 大量の資本を調達できる

上場の最大の目的は大量の資金の調達です。非上場企業は，創業者・創業家や限られた関係者から自己資本を調達しますが，上場企業は，世界中の投資家から資金を調達することができます。

② 資本コストが低下する

非上場株式には，一般に譲渡制限があります。**譲渡制限**とは，株主が株式を他人に譲渡する際，取締役会の承認を得る必要があるという決まりです。譲渡制限のある非上場株式は，好きな時に自由に売れないので流動性リスクが高く，株主は高いリターンを要求します。上場株式には譲渡制限がなく，株式市場で自由に売買できるので，流動性リスクが小さく，企業にとって低コストになります。

③ 信用・知名度が上がる

一定以上の収益性・経営内容の企業だけが上場を承認されることから，上場企業は広く社会から信頼されます。また，報道などの露出が増え，知名度が高まります。

④ 経営の規律が働く

上場企業では，世界中の株主・投資家が経営を監視します。また，監査を義務付けられているほか，財務省・証券取引所・証券アナリストといった関係者も経営を監視します。こうして外部の厳しいチェックが働くので，チェックが働かない非上場企業と比べて，規律ある経営をすることができます。

《デメリット》

① 上場維持コストがかかる

上場を維持するには，証券取引所の上場料，株主総会運営や株主名簿管理の委託料などが必要です。また，会計監査やIR（Investor Relations，第８章を参照）の費用もかかります。これらは，最低でも年１億円，一般に１年に数億円から数十億円かかると言われます。

② 守秘が難しくなる

上場会社には高度な情報開示が要求されるので，経営方針や事業内容など守秘が難しくなります。

### ❖敵対的買収をどう考えるか

ところで，株式公開のデメリットの中に「敵対的買収の危険性」がないことを不思議に思われたかもしれません。

被買収企業の経営陣の同意を得ないで支配権を得るために株式を買うことを**敵対的買収**と言います。上場企業の株式は株式市場で自由に売買できますから，買収ファンドなどによる敵対的買収の標的になる危険性があります。最近は，買収ファンドだけでなく，事業会社による敵対的買収も増えています。

日本では，経営陣だけでなく，マスコミ・一般国民にも「敵対的買収はけしからん」という論調が目立ちます。しかし，敵対的買収が企業にとってなぜ問題なのか，と問われると，意外と答えに窮するのではないでしょうか。

よく買収ファンドを“ハゲタカ”と揶揄するように，「買収して，従業員をリストラし，資産を切り売りし，会社を無茶苦茶にして売り抜けるだけだ」と言われます。

たしかに，買収ファンドが無謀なリストラをして，買収先が無茶苦茶になってしまうことはあります。ただ，それは結果論であって，無茶苦茶にすることを目的に買収することは考えられません。なぜなら，買ってしまえばその企業は株主のものであり，無茶苦茶になって企業価値が落ちたら，一番困るのは株主だからです。

買収ファンドが企業を買収するのは，株価が実力よりも安値に放置されており，買収して現経営陣を刷新して，経営のテコ入れをすれば短期間で簡単に株価が上がる，と確信しているからです。つまり，敵対的買収の標的になるのは，優れた技術・資産・人材などを持ちながら経営陣の非効率な経営のために株価が低いという企業でしょう。

逆に，効率的な経営が行われており，すでに株価が十分に高い企業の場合，買収ファンドが買収して経営陣を入れ替えると，かえって株価が下落し，彼らは損害を被ってしまいます。効率的な経営をしている企業は，敵対的買収の標的にはならないのです。

非上場企業や上場企業でも買収防衛策を導入している企業では，敵対的買収は起こりません。経営陣は一安心ですが，買収の脅威がないので，非効率な経営が温存されてしまい，既存の株主は損失を被ります。敵対的買収には，経営の規律をもたらす効果があるのです。

敵対的買収によって従業員の立場はどうなるのか，といった別の問題もあり，敵対的買収がすべて正しいわけではありません。ただ，大局的に考えると，非効率な経営をすると敵対的買収で首が飛んでしまう上場企業と非効率な経営をしても地位が安泰の非上場企業で，どちらの経営者が良い経営をするかというと，明らかに上場企業の経営者のほうが良い経営をします。敵対的買収は，株式公開のデメリットというより，むしろメリットの④に挙げたような良い作用があると言えるのです。

こうして確認すると，株式公開のメリットは実に大きく，明らかなデメリットは小さいと言えます。ですから，企業は発展して事業拡大すると，事業資金の獲得だけでなく，さまざまなメリットを求めて株式公開を目指すのです。

なお，最近はこうした認識が広がり，経営陣による過度な買収防衛策は支持されなくなっています。

### チェックポイント

1　自社の主要な資金調達手段を確認してください。

2　自社の直接金融と間接金融の割合はどれくらいでしょうか。世間では「間接金融から直接金融へ」というトレンドですが，自社の資金調達はどのように変化しているでしょうか。

3　資金の使途やそれに伴うリスクを十分に勘案して，資金調達手段を選択しているでしょうか。

4　自社の資金調達コストは同業他社と比べて高いでしょうか。低いでしょうか。

5　自社では，WACCを計算しているでしょうか。計算しているなら，何%でしょうか。社内に共有しているでしょうか。

6　非上場企業の場合，なぜ上場しないのでしょうか。将来上場することを目標にしていますか。

7　上場企業の場合，どのようなメリットを重視しているのでしょうか。

8　経営陣は「敵対的買収のリスク」をどのように認識しているでしょうか。

## ケース演習③　石油会社の資金調達

石油会社のワールドエナジー（仮名）には，２つの資金ニーズがあります。１つはインドネシアでの油田開発の投資資金，もう１つは石油備蓄の原油購入代金です。

油田開発とは，産油国・地域で石油の埋蔵が見込まれる鉱区を買い，試掘をし，十分な埋蔵量が確認されたら，商業生産に移行する事業です。鉱区の取得で数十億円，試掘は１本の井戸を掘るのに数億円かかり，何カ所も掘ります。今回のインドネシアでのプロジェクトは，商業生産前に投資額が200億円に達する見通しです。

試掘の結果が良好で，商業生産に成功すれば，将来の原油価格にもよりますが，数百億円レベルの莫大な利益を見込めます。ただ成功確率は，有望な鉱区でも50%を下回ります。

もう１つの石油備蓄とは，中東での非常事態などで原油の供給が一時的に途絶えても支障がないよう，石油基地に原油などを備蓄する制度です。1970年代にオイルショックを機に導入され，現在，日本国内の消費量の208日分（うち民間石油企業は約80日分）が備蓄されています。

ワールドエナジーでは，九州など数カ所の石油備蓄基地を持っており，今回調達するのは原油の購入代金，約200億円です。購入した原油は，備蓄された後，順次国内で精製・販売されるので，代金を回収できなくなることはほぼありません。

それぞれ，どのような方法で資金調達するべきでしょうか。

なお，ワールドエナジーは東京証券取引所に上場しています。自己資本比率は約30%で，今回の投資を手元資金で補う余裕はありません。

☞ 解説はp.185

# 第5章 設備投資を計画する

本章のポイント　この章では，設備投資の採算を評価・分析する技法を学びます。企業の発展には効果的な設備投資をすることが重要で，資金調達のコストを上回る運用利回りを確保する必要があります。NPV・IRRといった投資採算の評価方法を理解しましょう。

## 1 企業の発展と設備投資

### ❖ 貸借対照表の左側への運用

第4章では，貸借対照表の右側で調達する資金のコストについて検討しました。続いて，調達した資金を事業計画に基づいて貸借対照表の左側に投資します。

資産への投資は，大きく流動資産への投資と固定資産への投資に分けることができます。流動資産への投資は，現預金・棚卸資産・売掛金・受取手形など通常の事業活動で発生する短期の資産への投資です。一方，固定資産への投資は，土地・建物・投資有価証券など特別な事業活動で必要となる長期の資産への投資です。

また，資産への投資は，事業投資と金融資産投資という分け方をすることもできます。金融資産投資とは，株式・国債・投資信託といった金融商品を購入し，利ザヤを稼ぐ行為です。日本ではバブル期に，一般の事業会社でも，わざわざ資金調達をして金融資産投資を行う，いわゆる“財テク”が流行りました。しかし，バブル崩壊後は，余剰資金の運用に限られるようになっています。

このうち本章では，固定資産への事業投資について採算評価の進め方を検討します。

安全確実なところに投資をするだけでは，企業は発展できません。新しい工場を作ったり，研究開発投資をしたり，M&Aをしたり，という具合に固定資産にすることが欠かせません。

固定資産への投資は，流動資産への投資と違って，大きなリスクを伴います。また，回収に長い時間を要します。したがって，慎重に投資採算を判断することが大切です。

投資採算の評価方法としては，回収期間法，NPV，IRR，投資利益率法の4つをよく利用します。それぞれの考え方・使い方を考えてみましょう。

## 2 回収期間法

### ❖ 回収期間法の考え方・計算

**回収期間法**は，初期投資額を投資によって生まれたキャッシュフローで，何年目に回収できるかを評価する方法です。

たとえば，下記の投資プロジェクトは，0年目に500の投資をし，5年間で次のようなキャッシュフローを見積もっています（6年目以降はなし)。

〔プロジェクトZ〕

| 年　度 | 0年目 | 1年目 | 2年目 | 3年目 | 4年目 | 5年目 |
|---|---|---|---|---|---|---|
| 各年キャッシュフロー | ▲500 | 100 | 100 | 200 | 400 | 300 |

累積のキャッシュフローは，以下のようになります。

| 年　度 | 0年目 | 1年目 | 2年目 | 3年目 | 4年目 | 5年目 |
|---|---|---|---|---|---|---|
| 累積キャッシュフロー | ▲500 | ▲400 | ▲300 | ▲100 | ＋300 | ＋600 |

4年目に初期投資額500を回収して，累積キャッシュフローは＋300になりますから，回収期間は4年です。

### ❖ 回収期間法の利点・欠点

以上のように，回収期間法は非常に簡単に計算でき，計算結果も直感的に理解しやすい，便利な評価方法です。また，将来のことは不確実なので，投資を早期に回収することは，投資リスクの軽減につながります。

しかし，この評価方法には，いくつか重大な欠点があります。

回収期間法では，回収期間が短いほど優良投資案件ということになりますが，何年以内だったら投資を実行する，何年を超えたら実行しない，という基準を合理的に設定することはできません。これが，回収期間法の第１の問題点です。

もちろん，２つ以上の投資案件を比較するときには，回収期間の短いほうを選択すれば良いので，回収期間法は有用です。ただ，その場合も，回収期間の短いものを選択すれば良いとは限りません。

次のプロジェクトＡとプロジェクトＢは，ともに初期投資が100で，３年目以降のキャッシュフローはないものとします。

| | 0年目 | 1年目 | 2年目 |
|---|---|---|---|
| プロジェクトA | ▲100 | 110 | 0 |
| プロジェクトB | ▲100 | 90 | 90 |

回収期間は，プロジェクトＡが１年，プロジェクトＢが２年で，回収期間法ではプロジェクトＡのほうが優良案件ということになります。しかし実際には，より回収額が大きいプロジェクトＢを選択するでしょう。

つまり，回収期間法には回収を終えた後のキャッシュフローを考慮しないという第２の問題があるのです。

回収期間法では，投資を回収するスピードだけを問題にしている結果，スピーディに小さく儲けるプロジェクトＡのような投資案件を支持し，じっくりと大きく儲けるプロジェクトＢのような案件を排除してしまうのです。

回収期間法は計算が容易で，計算結果が直感的にわかりやすいので，中堅・中小企業を中心に最も幅広く利用されています。しかし，理論的には実に問題の多い手法だと言えます。

# 3 NPV

## ❖ NPV

２つ目の代表的な投資採算評価手法が，**NPV**（Net Present Value：正味現在価値）です。

NPVは，投資の時間的価値を考慮して，投資が将来生み出すキャッシュフローを現在価値に置き直し，初期投資とネットすることで，投資の効果を金額ベースで測定する手法です。

たとえば，p.96のプロジェクトＺは，500の投資をして，合計1,100のキャッシュフローが入ってきて，単純に600儲けた気になりますが，これはいずれも貸借対照表の左側の運用の話です。右側の調達に関するコストを考慮していません。

500の投資をする場合，500の資金が必要です。この資金は負債と自己資本を組み合わせて調達しますから，WACCが調達コストです。投資がキャッシュフローを生むまでの間，キャッシュフローの金額×WACCを資金のコストとして考慮する必要があります。

プロジェクトＺを例に，WACC＝８％としてNPVを計算しましょう。

１年目の収入100を８％で割り戻すと，92.6です。逆に現在の価値で92.6の資金を８％で運用すると１年後は100です。つまり，100が入ってくるまでの機会損失として7.4（＝100−92.6）の資本コストを負担しているのです。

２年目は，100を８％で２度割り戻すと，現在の価値は85.7です。14.3（＝100−85.7）が，２年後に収入100が入ってくるまで負担する資本コストです。

同じように，３～５年目も計算すると，**図表５-１**のように１年目から５年目のキャッシュフローの現在価値の合計は835.3になります。手計算でもできますが，データが多くなると計算が煩雑なのでExcelを使うとよいでしょう。

「数式」→「関数の挿入」→「(関数の分類）財務」→「(関数名）NPV」

図表５－１　NPV

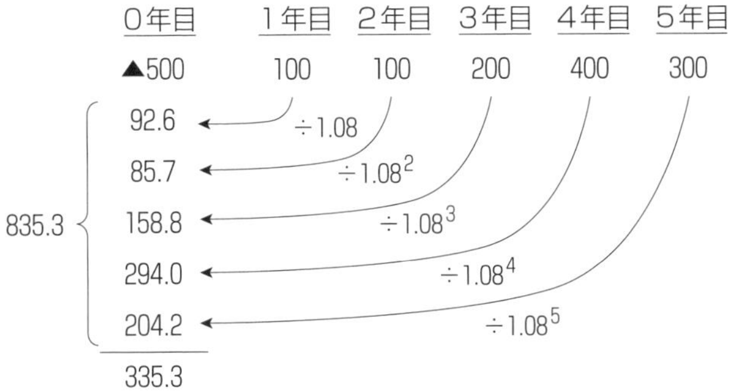


表面的には，１年目から５年目で計1,100の収入がありますが，資本コスト264.7（＝1,100－835.3）を勘案した実質的な金額は835.3だということです。

プロジェクトＺは500を投資し，現在価値で835.3の収入があり，ネットのキャッシュフローの増加，すなわちNPV335.3です。

この投資によって実行前と比べて企業価値が335.3増えますから，この投資を実行します。もしもNPVがマイナスだったら，投資によって企業価値が減るわけですから，投資を実行しません。

NPVは，右側からの調達コストを勘案して左側の投資の効果を金額ベースで測定するもので，理論的に正しい結果を導き出す方法です。

計算結果が概念的にややわかりにくいことや，WACCの計算が複雑であることが欠点ですが，さまざまな投資採算評価方法のなかで中心的に活用するべき方法だと言えましょう。

## 4　IRRと投資利益率法

### ❖ IRRの意味

３つ目の有力な投資採算評価方法が**IRR**（Internal Rate of Return：内部収益率）です。IRRとは，投資の利回りを計算し，それを資本コストと比較して投資の効果を率で測定する技法です。

たとえば，100を投資して１年後に110のキャッシュフローが得られるという場合，投資の利回りは10％だと直感的にわかることでしょう。この10％がIRRです。

$$100=\frac{110}{(1+r)} \rightarrow r=10\%$$

ただ10％がそのまま企業の実入りになるわけではありません。100を投資するには，100の資金が必要で，その調達コストがかかります。100という投資や10％というIRRは，貸借対照表の左側への投資とそれの利回りで，右側からの調達コストを勘案していません。

仮に資本コスト（WACC）が８％だとしたら，この投資では10％－８％＝２％が実質的な収益になります。投資によって企業価値が増えるので，この投資を実行すると判断します。

仮に資本コストが12％だとしたら，10％－12％＝▲２％で，損失です。投資によって企業価値が減るので，この投資を実行しません。

このようにIRRは，まず投資の利回りを算定して，それを資本コストと比較するという手続をします。資本コストは，投資において企業が乗り越えなければならないハードルなので，よく**ハードルレート**（hurdle rate）と呼びます。

### ❖IRRの計算

もう少し現実に近い例として，再びp.96のプロジェクトＺを取り上げ，IRRを計算・検討しましょう。IRRの計算式は以下のようになります。

$$500=100\div(1+r)+100\div(1+r)^2+200\div(1+r)^3$$
$$+400\div(1+r)^4+300\div(1+r)^5$$

この計算式は五次方程式なので，手計算で算出することはできません。そこで，Excelを使って計算します。

「数式」→「関数の挿入」→「(関数の分類) 財務」→「(関数名) IRR」

0年目から5年目までそのまま範囲指定すれば，IRRが算出されます。プロジェクトZのIRRは，25.7%です。NPV のときと同じくWACCが8%だとすると，IRR・25.7% >WACC・8%ですから，この投資プロジェクトは実行するべきという結論になります。

### ❖ NPVとIRRはコインの表裏

上の計算式で左辺は投資額，右辺は投資による収入の現在価値です。IRRが25.7%なら右辺が0になり，左辺とイコールになります。つまり，IRRは,「NPVを0にするような投資利回り」と表現することができます。

NPVは，WACCを使って投資の効果を金額ベースで算出するのに対し，IRRは貸借対照表の左側の投資の利回りそれ自体を算出し，右側の調達コストWACCと比較して，投資の効果を率で評価します。

NPVは投資の効果を金額で，IRRは率で表現するという違いがあるだけで，本質的には同じロジック，「コインの表裏」だと言えます。

### ❖ IRRの利点と欠点

IRRの利点は，資本コストを勘案して投資の効果を測定するという点で，理論的にかなり正しい結果をもたらすということです。また，パーセンテージで結果が表示されることも，NPVと比べて直感的にわかりやすいと言えるでしょう。

ただ，いくつか理論的な欠陥もあります。

1つは，解を計算できない場合があるという点です。IRRは，一定の期間のキャッシュフローについて算定できるものであり，投資額に対して一定額のキャッシュフローが永遠に続くような場合，IRRを計算できません。

「えっ，そんな投資あるの？」と思われるかもしれませんが，イギリス政府が発行するコンソル公債は，いわゆる永久債で，償還期限がなく，一定額の利息を永遠に支払い続けます。永久債への投資では，IRRを計算できません。

また，複数の解が算出されることもあります。中学生のときに習った二次方程式では解が最大２つ，三次方程式では解が最大３つありました。キャッシュフローがマイナスからプラスに転じたり，プラスからマイナスに転じる場合など，複数の解が出てきます。

それよりも大きな問題点は，IRRはあくまで利回りを見ることから，プロジェクトの規模の違いを考慮しないという点です。たとえば，次のプロジェクトＸとプロジェクトＹのどちらかに投資するとしたら，どちらを選択するでしょうか。

X：０年目に1,000投資，１年後に1,100の収入（２年目以降はなし）

Y：０年目に100投資，１年後に130の収入（２年目以降はなし）

IRRは，Ｘが10％，Ｙが30％ですから，IRRを基準に考えるなら「Ｙを選択するべき」という結論になります。しかし，実際には資金調達の制約がないならば，たいていの人がＸを選ぶのではないでしょうか。

投資の効率が良いのはＹのほうですが，金額ベースでより企業価値を増加させるのはＸです。つまり，IRRは，投資効率は高いがあまり企業価値を高めないプロジェクトを選択してしまうという，致命的な欠点があるのです。

投資は，企業価値を高めるために行うわけですから，企業価値をより高める案件を選択するべきでしょう。もしもIRRとNPVが異なる結果を示したら，企業価値と直結するNPVを優先します。

### ❖ 投資利益率法

最後に紹介する４つ目の評価方法が，**投資利益率法**（ROI：Return On Investment）です。

投資利益率法は，投資額に対して得られる会計上の利益の大きさで投資効果を評価します。

$$\text{ROI} = \frac{\text{利益}}{\text{投資額}}$$

分子の利益にどの段階の利益を使うかには，ルールはありません。日本では経常利益を使うことが多いですが，営業利益や当期純利益を使う場合もあります。キャッシュフローのほうが適切だという考え方もあります。また，利益は，単年度の利益でなく投資期間中の平均利益を，投資額は減価償却実施後の平均投資額を用いることがあります。

投資利益率法の利点は，会計上の利益をそのまま使えることや計算結果をイメージしやすいことです。

しかし，キャッシュフローを使っていないこと，資本コストを勘案していないこと，どれくらいの利益率ならゴーサインを出すべきなのかを決めるのが難しいことなど，理論的な厳密さには欠ける評価方法だと言えます。

## 5　評価方法の選択

### ❖ 各評価方法の利点・欠点

以上，投資採算評価の代表的な方法として回収期間法，NPV，IRR，投資利益率法を紹介しました。

問題はどれを使って，どう投資の判断をするかです。

各方法の利点・欠点をまとめると，**図表５-２**のようになります。

NPVは直感的にわかりにくいのが欠点ですが，経済性という点では常に正しい結果を示す方法です。

IRRは，基本的な考え方はNPVと同じですが，複数の解が出る場合があること，投資の規模を勘案しないことが問題です。

回収期間法と投資利益率法は，計算が容易で，結果も理解しやすいですが，目標（基準）の定め方が恣意的になってしまうのが欠点です。この２つは，非合理的な方法と言えるでしょう。

**図表5-2　各評価方法の長所・短所**

| | キャッシュフローを使用 | 投資期間すべてを考慮 | キャッシュフローのタイミングを考慮 | 長　所 | 短　所 |
|---|---|---|---|---|---|
| 正味現在価値（NPV） | ○ | ○ | ○ | ・理論的に正しい答えを導く | ・計算が煩雑<br>・直感的にわかりにくい |
| 内部収益率（IRR） | ○ | ○ | ○ | ・概ね正しい答えを導く<br>・直感的にわかりやすい | ・投資の規模を考慮しない<br>・複数の解が出ることがある |
| 回収期間法 | ○ | × | × | ・直感的にわかりやすい<br>・計算が容易 | ・目標設定が困難 |
| 投資利益率法 | × | × | × | ・直感的にわかりやすい<br>・会計数値をそのまま使える | ・目標設定が困難 |

ということで，「ちょっと難解ですが，頑張って勉強し，NPVを使ってください」「回収期間法や投資利益率法は非合理的なので，計算が簡単だからといって安易に使わないようにしましょう」というのが教科書的な結論になります。

たしかに，日本では，回収期間法が主体で，まだまだNPVが十分に普及しているとは言えません。今後，NPVが投資採算評価の主流になっていくことが期待されます。

それと同時に，学問の世界では「非合理的」と一刀両断されている回収期間法にもっと注目するべきではないでしょうか。

NPVは，たしかに理論的に最も正しいですが，先ほどのプロジェクトBのような“後半追込み型”あるいは“じっくり大きく儲ける”案件が選択されます。しかし，市場ニーズが刻一刻と変化し，熾烈なグローバル競争が展開されている今日，スタートダッシュに失敗した事業が徐々に軌道に乗って長い目で見て大きく育つというのは，かなり困難になっています。

変化の激しい今日の経営環境では，投資のリスクをコントロールすることがますます重要になっています。将来は何が起こるかわかりませんから，できるだけ早期に資金回収することが大切です。したがって，回収期間法（およびp.107で紹介するリアルオプション）の利用価値は上がっていると言えます。

あくまで基本はNPVですが，回収期間法も併せて確認し，リスクをコントロールして投資の成果を実現することが大切なのです。

## 6 投資と企業価値

### DCFの発想が広がる

ここまで，第４章で資本コストの考え方を，この章ではNPVやIRRを中心とした投資採算評価の考え方を解説しました。

NPVやIRRは，将来のキャッシュフローを現在価値に割り戻して評価することから**DCF法**（Discounted Cash Flow Method）と呼ばれます。DCF法の考え方は，今日，設備投資に限らず，あらゆるものの価値を評価する主流の考え方になっています。

DCF法では，あるものの価値を次のように考えます。

○○の価値＝○○が将来生み出すキャッシュフローの現在価値

たとえば，プロジェクトＺでは，１年目から５年目のキャッシュフローの現在価値は835.3でしたから，プロジェクトＺの価値は835.3です。835.3の価値のあるプロジェクトをたった500の投資で実行することができ，ネットで335.3の価値をもたらすので，「投資を実行しよう」という判断になるわけです。

2000年より以前，日本ではDCF法というと，「理屈はわかるが，あまり実用的でない，アメリカ生まれの空論」という受けとめでした。ところがこのところ，ビジネスのあらゆる場面でDCF法の考え方が急速に普及しています。「価値」という考え方について，劇的な変化が起きていると言えるでしょう。

### 企業価値の考え方

近年，企業価値とは何なのかがよく議論になります。企業は投資プロジェクトの集合体と考えることができますから，企業価値についても，ここまでの考察とまったく同じことが言えます。

**企業価値＝企業が将来生み出すキャッシュフローの現在価値……①**

このことを出発点に，株価をどう考えるのか，という点まで考えてみましょう。企業の価値とは，別の見方をすると，貸借対照表の資産の価値です。左側の資産は，右側の負債と自己資本の合計に一致しますから，

**企業価値＝資産の価値**
**＝負債の価値＋自己資本の価値……②**

ここで，①と②から

企業が生み出すキャッシュフローの現在価値＝負債の価値＋自己資本の価値

移項して整理すると

**自己資本の価値＝企業が生み出すキャッシュフローの現在価値**
**－負債の価値**

株価（1株の価値）は，自己資本を発行株数で割ったものですから，理論株価は，以下の算式で計算できます。

**株価＝(企業が生み出すキャッシュフローの現在価値－負債の価値)**
**÷発行済株式数**

ということで，理論的な株価の推計方法がわかりました。つまり，「将来のキャッシュフロー」「資本コスト」「負債残高」「発行済株式数」という4つの要素がわかれば，株価が算定できるということです。

この中で把握しにくいのは「将来のキャッシュフロー」です。上場企業ですと，よく機関投資家のアナリストなどが企業にやってきて，経営者やIR（第8章参照）担当者に経営状況についていろいろとインタビューします。彼らは，インタビューを通して，「将来のキャッシュフロー」を推計しているのです

（正確には，企業が公表するキャッシュフローの予想を確認しています）。

なお，企業価値や株価の評価については，第8章で改めて考えます。

Column（コラム）

**あなたの価値は？**

ファイナンスでは，「○○の価値」は，「○○が将来生み出すキャッシュフローの現在価値」です。これは，投資プロジェクトや企業の価値だけでなく，すべての事がらに当てはまります。

従来，土地の価格を評価する際は，取引価格をベースに算定された路線価や公示地価を基準にしていました。それに対し，近年日本でも発達・普及しているREIT（Real Estate Investment Trust：不動産投資信託）に組み入れられている不動産は，原則としてDCF法，つまり将来の賃料収入を予測し，それを現在価値に割り戻すことで価額を評価しています。

「パソコンの価値は？」と言われたらどうでしょうか。パソコンを仮に向こう5年間使うなら，それによって得られる5年間のキャッシュフロー，つまり業務の効率化などを金額換算したものを適切な割引率で現在価値に置き直せば，パソコンの価値を計算できます。

さて，「あなたの価値は？」と言われたら，どう説明しますか。あなたが定年まで受け取る年収と退職金・年金を見積もり，現在価値に割り戻せば，あなたの価値を算定できます。

そして，残念ながらその価値は，年々減少していきます。もし読者の皆さんが家庭のなかで年々発言力が低下しているとすれば，ファイナンスの理論で説明できるということです……。

## 7　リアルオプション

### ❖リアルオプションとは

本章の最後に，NPVの応用である**リアルオプション**（real option）を紹介しましょう。金融工学で使われるオプション理論を金融以外のリアル（現実）の世界に応用したプロジェクト評価の理論です。

ここまで説明してきた従来の意思決定は，投資をする前段階で実行するか，しないかを１度だけ判断するものでした。

しかし，実際には，試験的に少額の投資を実行したあと，事業の状況を確認して，見通しが良ければ本格的に投資を拡大する，見通しが悪ければ中止する，という判断をよくします。この場合，投資を拡大するか，中止するか，という選択権，つまりオプション（option）があるのです。

あるいは，投資する権利を確保しておいて，実際に投資するかどうかの決定は将来に延期する，ということもよくあります。これを**コール・オプション**（call option：買う権利）と言います。

こうしたオプションがある場合とない場合を比べると，オプションがある場合のほうが投資プロジェクトの価値が高まります。オプションのある投資プロジェクトは，従来のNPVの価値に加えて，オプションの価値（プレミアム）があり，この２つを勘案しなければ，現実的な投資判断はできません。

図表5-3　NPVの拡張

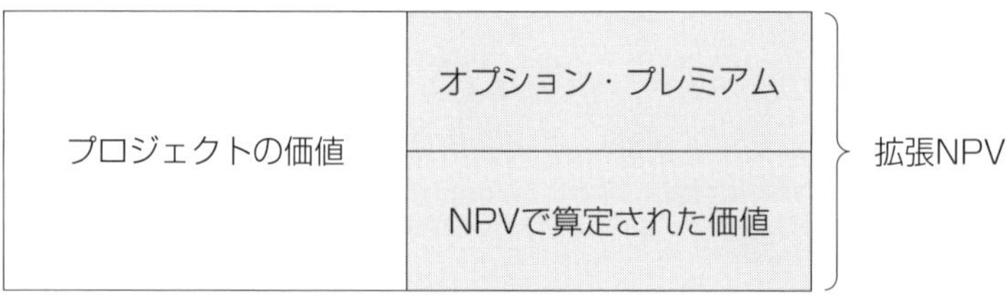


## ❖オプション価値の計算例

オプションの価値を数値例で確認しましょう。ここでは，コール・オプションを例に取って説明します。

ある資産（たとえば炭鉱）に投資するプロジェクトで，現在，資産価格は500で，１年後この資産価格は，550に上昇するか，450に下落するかのどちらかが予想されています。また，安全資産（たとえば国債）の利子率は４％とします。この資産を１年後に510で買う権利，コール・オプションを考えましょう。

まず，オプションを購入したら，オプション料を除いた収支（ペイオフ）は，次のようになります。

- 550に上昇 → 権利を行使して利益40（＝550－510）
- 450に下落 → 権利を放棄して利益０（オプション料分の損失になります）

また，安全資産Ｂ円は，１年後，1.04Ｂ円になります。

ここで，元の資産（ここからは原資産と呼びます）を売買し，安全資産の利子率で借入れを行うことでオプションを複製します。現時点で原資産をＣ１単位，安全資産をＣ２単位それぞれ購入・売却することによって，コール・オプションが１年後の満期時に得られるペイオフを一致させるようにします。

- 価格上昇時：　550×Ｃ１＋1.04Ｂ×Ｃ２＝40
- 価格下落時：　450×Ｃ１＋1.04Ｂ×Ｃ２＝０

この２式を連立方程式として解くと，Ｃ１＝0.4，Ｂ×Ｃ２＝▲173円です。

原資産のペイオフを複製するには，現時点において原資産を0.4単位，つまり200円（＝500×0.4）購入し，安全資産を173円売却します（▲173円購入）。つまり，このオプションを得るためには200円の支払と173円の売却額の差，27円を支払う必要があります。この27円が権利を得るための価格，コール・オプションの価値になります。

27円より低い価格でコール・オプションを購入できれば，この取引で利益を得ることができるのです。

### ❖ リアルオプションの種類

いま紹介した投資判断を延期するというのは，リアルオプションの一例にすぎません。代表的なリアルオプションとして，次の６種類があります（出典：Lenos Trigeorgis, *Real Options*, MIT Press, 1996）。

① **延期オプション**……現在ただちに投資するか，環境要因が明らかになるまで投資するのを待つか，選ぶことができる場合。先ほどの例は，この延期オプションです。
② **段階オプション**……段階的に投資をし，不都合な情報を入手したら投資を中止できる場合。学習オプションとも呼ばれます。
③ **オペレーティングオプション**……拡張・閉鎖・再開などオペレーションの規模を変えることができる場合。
④ **撤退オプション**……市況が悪化したときなど，オペレーションを放棄し，資産などを売却できる場合。
⑤ **柔軟性オプション**……価格や需要が変化したときに，複数の設備間で生産量を調整できる場合（生産の柔軟性）や同じ生産物を異なるインプットで生産できる場合（プロセスの柔軟性）。
⑥ **成長オプション**……初期投資が関連するプロジェクトの前提条件となり，将来の成長機会を切り開くことになる場合。

近年，事業環境が流動化しており，将来を正確に見通して投資を判断するのが難しくなっています。リアルオプションを活用する機会はどんどん増えていると言えるでしょう。投資を計画する際には，こうしたオプションに該当しているか，リスクを低減し，投資価値を高めることできるかどうかを確認します。

なお，先ほど紹介した延期オプションは，二項モデルという最も単純な例です（あれでも簡単なのです……）。実際に多くの場合，オプション価値の算定はブラック＝ショールズ・モデルなどを使った複雑な計算を必要とします。こうした計算には特殊な数理技能が必要なので，リアルオプションを活用できそうだという場合，投資銀行やコンサルタントなど外部の専門家に相談すると良いでしょう。

## チェックポイント

1 自社では，NPV・IRR・回収期間法・投資利益率法など，どの方法で投資採算を評価しているでしょうか。また，評価基準を作成し，社内で共有しているでしょうか。

2 NPVやIRRを用いている場合，リスク低減のために回収期間法を参考にしているでしょうか。

3 自社が実施したM&Aで，どのような企業価値評価が行われたでしょうか。DCF法に基づく評価をしているでしょうか。

4 リアルオプションを活用していますか。今後，どのような場面で活用できそうですか。

## ケース演習④　機械メーカーの投資採算分析

中堅機械メーカーの河合工業（仮名）は，1960年の創業で，高機能・高品質の製品で成長してきました。しかし，近年は，力をつけてきた新興国メーカーとの価格競争が激しくなっており，製品の差別化が課題になっています。

経営企画部では，現在，２つの投資案件Ａ・Ｂを検討しています。案件の概要は以下のとおりです。

〔案件Ａ〕

- 内容：新製品を実証実験する研究開発設備
- 投資額：1,000百万円
- ５年目の終わりに設備を350百万円で売却（６年目以降なし）

| | 0 | 1 | 2 | 3 | 4 | 5 |
|---|---|---|---|---|---|---|
| 収入（効果） | | 200 | 300 | 400 | 500 | 500 |
| 費用 | | 200 | 200 | 200 | 200 | 200 |
| （うち減価償却費） | | 150 | 150 | 150 | 150 | 150 |
| 投資／売却 | ▲1,000 | | | | | 350 |

〔案件Ｂ〕

- 内容：製品倉庫の自動化のための設備
- 投資額600百万円
- ５年目の終わりに設備を100百万円で売却（６年目以降なし）

| | 0 | 1 | 2 | 3 | 4 | 5 |
|---|---|---|---|---|---|---|
| 収入（効果） | | 500 | 400 | 200 | 150 | 150 |
| 費用 | | 150 | 150 | 150 | 150 | 150 |
| （うち減価償却費） | | 80 | 80 | 80 | 80 | 80 |
| 投資／売却 | ▲600 | | | | | 100 |

キャッシュフローは各年度の終わりに発生するものとします。法人税率は40%で，

１年目から４年目のキャッシュフローは，以下の計算式で算定してください（詳しくはp.123参照）。

各年キャッシュフロー＝当期純利益＋減価償却費
＝(収入－費用)×(１－法人税率)＋減価償却費

５年目のキャッシュフローは，設備の売却も考慮してください。
資本コストは，WACCを使います。WACCに関する情報は，以下のとおりです。

- 自己資本コスト：９％（税引後ベース）
- 負債コスト：５％（税引前ベース）
- 自己資本と負債の構成は１：１

なお，河合工業では，今回の投資案件以外の事業で，十分に大きな利益を上げることができると想定しています。
資金・人材などの制約から，どちらか一方しか実行できないとしたら，どちらを選択するべきでしょうか。

☞ 解説はp.186

# 第6章 キャッシュフローとリスクを管理する

本章のポイント　事業活動を通して最終的に企業価値を高めるには，キャッシュ創出力が重要です。この章ではキャッシュフロー計算書や資金繰り表でキャッシュフローを管理することやリスク管理の考え方・技法について考えましょう。

## 1 キャッシュフローとリスクの管理

### ❖キャッシュフローの管理

事業活動を進めると，資金の出入り，キャッシュフローがあります。キャッシュフローには，売上高や受取手数料といったインフローと売上原価や販売費・一般管理費，支払利息といったアウトフローがあります。

収益性の向上，つまり，アウトフローを上回るインフローを獲得することが最も大切ですが，それだけでなく，流動性を維持して，事業継続のリスクを低下させることも大切です。流動性とは，現金化が容易かどうかの程度を意味します。現預金など流動資産の残高が少なくなり，支払いが滞ると倒産してしまいます。

会計の世界では，よく「勘定合って銭足らず」と言われます。ここで勘定とは損益計算書での利益のことを，銭とはキャッシュフロー計算書でのキャッシュのことを意味します。

会計手続のうえでは，商品を顧客に引き渡したら売上高が計上されます。ただ，小売業以外はたいてい掛売りなので，実際に売掛金がキャッシュとして入金されるのは，数十日後（場合によっては数カ月後）になります。したがって，月末・年末に決算を締めてみると，会計上は利益を計上しているのに，手元にそれだけのキャッシュがないということがよく起こるのです。

キャッシュ創出力，つまり，事業が健全に運営され，利益だけでなくキャッシュを稼いでいるかどうかを見るのが，キャッシュフロー計算書です。キャッシュフロー計算書は，キャッシュの残高の増減を，営業活動・投資活動・財務活動という3つの区分で表示する計算書類です。

企業は，キャッシュフロー計算書を作成・分析し，キャッシュ創出力が健全な状態かどうかを確認します。

### ❖リスクの管理

キャッシュフローの管理と関連して大切なのが，リスク管理です。

ファイナンスにおけるリスクとは不確実性のことです。企業は事業を展開するうえで，以下のようなさまざまなリスクに直面します。

① **営業レバレッジ**……固定費の割合が増すことで収益が変動するリスク

② **財務レバレッジ**……借入金の割合が増すことで収益が変動するリスク

③ **為替リスク**……外国為替市場での為替レートの変動で資産・負債・自己資本の価値が変動するリスク

④ **金利リスク**……金利が変動し，債券の価値や利息が増減するリスク。インフレリスクはこれとほぼ同じ

⑤ **資産価格リスク**……企業が保有する資産がインフレや需給状態などによって変動するリスク

⑥ **金融リスク**……取引先が倒産する信用リスク，市場で売買ができなくなる流動性リスク，金融機関の事務が滞る事務リスクなど

⑦ **製造物責任リスク**……企業の製造物についての瑕疵，欠陥商品，リコールなどのリスク

⑧　**人的リスク**……従業員の退職・サボタージュ・不正などによるリスク（セクハラ・パワハラなども含む）
⑨　**システムリスク**……コンピューターウィルス，ハッキング，システムダウンなどによってオペレーションが混乱するリスク
⑩　**社会リスク**……テロ，風評被害，不買運動などが売上高・コストに影響を及ぼすリスク
⑪　**カントリーリスク**……海外に事業展開する企業にとって，進出国の法規制・政治体制・社会環境などが変わることによって被るリスク
⑫　**環境リスク**……大気汚染・土壌汚染・温暖化・水質汚濁のように，化学物質などの流出・廃棄が環境破壊を引き起こすリスク
⑬　**法務リスク**……各種法令の遵守を怠ることによって発生するリスク
⑭　**事故リスク**……火事・停電・交通事故・盗難などによるリスク
⑮　**災害リスク**……地震・台風・津波といった天災によるリスク

このうち，①～⑤のように，利益または損失を発生させる可能性のあるリスクのことを**投機的リスク**，⑥～⑮のように，損失のみを発生させるリスクのこと**純粋リスク**と言います。

本章では，投機的リスクを中心にリスク管理について考えます。投機的リスクに対しては事業活動を見直すほかに，**デリバティブ**（derivatives：金融派生商品）を使った財務的な対応などがあります。

## 2　キャッシュフロー計算書

### ❖キャッシュフロー計算書とは何か

キャッシュフローを管理するための代表的な計算書類として，キャッシュフロー計算書があります。

**キャッシュフロー計算書**は，ある期間（普通は1年）のキャッシュの残高の変化を「営業活動によるキャッシュフロー」「投資活動によるキャッシュフ

ロー」「財務活動によるキャッシュフロー」という3つの区分で説明する計算書類です。

キャッシュとは「現金および現金同等物」で，現金だけでなく，現金同等物，つまり換金性の高い3カ月以内の定期預金やCPなどを含みます。いわゆる「手元資金」で，貸借対照表の流動資産にほぼ同じ額が表示されています。

キャッシュフローの3つの区分の内容は，以下のとおりです。

- **営業活動によるキャッシュフロー**……仕入・生産・販売といった本業のオペレーションで得られるキャッシュフロー
- **投資活動によるキャッシュフロー**……固定資産や有価証券の購入売却などによって生じたキャッシュフロー
- **財務活動によるキャッシュフロー**……借入金や社債発行などによる調達，あるいは借入金の返済や社債の償還などによって生じたキャッシュフロー

### ❖キャッシュフロー計算書の構造

**図表6-1**は，オフィス機器メーカーの小針製作所（仮名）のキャッシュフロー計算書です。これを題材に，キャッシュフロー計算書の見方・活用方法を確認していきましょう。

小針製作所は，1946年の創業以来，長く国内中心のビジネスでした。しかし，近年東南アジアを中心にオフィス機器需要が急拡大しており，グローバル展開に取り組んでいます。現地生産のために積極的に設備投資をしており，売上高・利益とも増加傾向です。直前期の売上高は720億円です。

まず，キャッシュフロー計算書の構造を見てみましょう。

最初のセクションが「I．営業活動によるキャッシュフロー」です。仕入・生産・販売といった，通常の営業活動によって生み出されるキャッシュフローです。通常，この値はプラスになります。小針製作所は3,561百万円のプラスでした。

営業活動によるキャッシュフローの算出・表示には，間接法と直接法があります。

図表6-1　キャッシュフロー計算書（2022年1月1日～12月31日）

（単位：百万円）

| | |
|---|---|
| **Ⅰ．営業活動によるキャッシュフロー** | |
| 税金等調整前当期純利益 | 1,301 |
| 減価償却費 | 3,118 |
| 貸倒引当金の増（減）額 | 32 |
| その他引当金の増（減）額 | ▲47 |
| 退職給与引当金の繰入額 | 21 |
| 受取利息・配当金 | ▲61 |
| 支払利息 | 497 |
| 有価証券売却益 | 0 |
| 為替差損 | ▲9 |
| その他営業外損益 | 11 |
| 売掛金の増（減）額 | ▲441 |
| 棚卸資産の増（減）額 | ▲179 |
| その他資産の増（減）額 | 2 |
| 支払手形・買掛金の増（減）額 | ▲21 |
| 未払金の増（減）額 | 2 |
| その他負債の増（減）額 | 1 |
| 小計 | 4,227 |
| 利息配当金の受取額 | 240 |
| 利息の支払額 | ▲497 |
| 法人税等支払額 | ▲409 |
| **営業活動によるキャッシュフロー** | 3,561 |
| **Ⅱ．投資活動によるキャッシュフロー** | |
| 定期預金の払戻しによる収入 | 21 |
| 有価証券の売却による収入 | 2 |
| 有形固定資産の売却による収入 | 12 |
| 有形固定資産の購入による支出 | ▲6,988 |
| **投資活動によるキャッシュフロー** | ▲6,953 |
| **Ⅲ．財務活動によるキャッシュフロー** | |
| 短期借入金の借入による収入 | 5,100 |
| 短期借入金の返済による支出 | ▲4,800 |
| 長期借入金の借入による収入 | 3,900 |
| 長期借入金の返済による支出 | ▲750 |
| 配当金の支払額 | ▲65 |
| **財務活動によるキャッシュフロー** | 3,385 |
| **Ⅳ．現金及び現金同等物に係る換算差額** | ▲4 |
| **Ⅴ．現金及び現金同等物の増減額** | ▲11 |
| **Ⅵ．現金及び現金同等物の期首残高** | 3,603 |
| **Ⅶ．現金及び現金同等物の期末残高** | 3,592 |

小針製作所のように，損益計算書の当期純利益を出発点として，それに資金増減の要素を加減算して算出する方法を間接法と言います。もう１つ，営業収入，仕入支出，人件費支出といったキャッシュの収入と支出を直接的に加減算して計算・表示する直接法があります。

どちらの方法にも一長一短ありますが，本書では，損益計算書・貸借対照表との関連がわかりやすく，上場企業の決算書類で圧倒的に多く採用されている間接法を紹介しています。

２つ目のセクションが「Ⅱ．投資活動によるキャッシュフロー」です。資産の購入による支出や売却による収入を合計したものです。資産売却によってプラスになる場合もありますが，通常はマイナスです。小針製作所は6,953百万円のマイナスでした。

３つ目のセクションが「Ⅲ．財務活動によるキャッシュフロー」です。これは，短期・長期の借入金による収入や返済で，プラスの場合もマイナスの場合もあります。小針製作所は3,385百万円のプラスでした。

「Ⅳ．現金及び現金同等物に係る換算差額」とは，現金および現金同等物のうち外貨で保有している分について，為替の変動で評価益・評価損が発生したら表示するものです。小針製作所は４百万円のマイナス（評価損）でした。

「Ⅴ．現金及び現金同等物の増減額」とは，ここまでのⅠからⅣの合計で，１年間でどれだけキャッシュが増減したかを表します。小針製作所は11百万円のマイナスで，この１年間でキャッシュが11百万円減少しました。

「Ⅵ．現金及び現金同等物の期首残高」とは，対象期間が始まった時点でのキャッシュの残高です。小針製作所は3,603百万円でした。

最後に「Ⅶ．現金及び現金同等物の期末残高」は最終的なキャッシュの残高で，Ⅴ＋Ⅵで算出します。小針製作所は3,592百万円でした。小針製作所の貸借対照表には3,592百万円の現預金があります。

### ❖ 分析のポイントと利益の質

キャッシュフロー計算書を分析するポイントは，以下の３つです。

第１に，現金および現金同等物が期初と比べて大きく増減していないかがポイントです。

企業は債権者への支払いができなくなったら倒産ですから，キャッシュが極端に減少するのは困ります。だからといって，キャッシュそれ自体は価値を生み出しませんから，必要以上の量のキャッシュを抱えていても仕方ありません。適切な手元資金の量を決めて，あまり多すぎたり，少なすぎたりしないよう管理します。

ただ，適切な手元資金の金額を決めるのは，非常に困難です。実務的には，何らかのトラブルで売上代金が入金されなくても大丈夫なように「月間売上高（月商）の１カ月分」などと決めて保持することが多いようですが，何カ月分が適切かは，会社の事業内容・信用度合い・金融機関との関係などに影響され，一概には決められません。

小針製作所は，年間売上高が720億円ですから，月商は60億円です。手元資金36億円は月商の約６割で，やや少ないかもしれません。しかし，現預金は利息を生むわけではないので，少なくて問題ないならそのほうが望ましいと言えます。繰り返しますが，この数字だけでは，手元資金の水準が適切かどうかを判断するのは困難です。

### ❖ フリーキャッシュフロー

２つ目に，十分なフリーキャッシュフローがあり，財務活動によるキャッシュフローに依存しすぎていないかが，重要なポイントです。

**フリーキャッシュフロー**とは，営業活動によるキャッシュフローと投資活動によるキャッシュフローの合計で，財務活動を除いた通常の事業活動によって得られるキャッシュフローです。企業が自由に使えるので，フリーキャッシュフローと呼ばれます。

フリーキャッシュフロー＝営業活動によるキャッシュフロー＋投資活動によるキャッシュフロー

フリーキャッシュフローがプラスなら，営業活動で投資を上回るキャッシュフローを生み出しており，健全な状態と言えます。

フリーキャッシュフローがマイナスなら，営業活動がうまくいっていないか，投資が過大であるかのどちらかです。マイナスの場合，借入れを行うなど財務活動によるキャッシュフローがないと，資金的に苦しくなります。マイナスが長く続くと財務活動によるキャッシュフローに依存する状態になってしまいます。

ただし，創業期の企業や急成長している企業では，先行投資がかさむので財務活動によるキャッシュフローのマイナスが大きくなる一方，まだ売上高が十分に確保できず，営業活動によるキャッシュフローが少額あるいはマイナスになります。その結果，フリーキャッシュフローがマイナスになり，財務活動によるキャッシュフローに依存することになります。

フリーキャッシュフローがマイナスの場合，事業がうまくいっていないのか，創業期や成長期で一時的に営業活動によるキャッシュフローが少ないだけなのか，見極めることが大切です。

**図表6-2　キャッシュフロー計算書のパターン**

| | 正常状態 | 資金繰り悪化 |
|---|---|---|
| 営業活動によるキャッシュフロー | ＋＋＋ | ＋または－ |
| 投資活動によるキャッシュフロー | －－ | －－－ |
| 財務活動によるキャッシュフロー | ±０または－ | ＋＋ |
| キャッシュ増減 | ＋または０ | ０または－ |

小針製作所の場合，フリーキャッシュフローは3,392百万円のマイナスです。

フリーキャッシュフロー＝営業活動キャッシュフロー3,561
＋投資活動キャッシュフロー▲6,953
＝▲3,392百万円

この数字だけを見ると，「この会社は大丈夫か？」と不安になります。ただ，小針製作所は近年グローバル対応で積極的に設備投資をしていますから，成長期における一時的な悪化の可能性が高いでしょう。もちろん，積極投資が本当に成果に繋がるのか，今後の動向をウォッチする必要があります。

### ❖営業活動のキャッシュフローの中身が大切

最後に3つ目のポイントは，営業活動によるキャッシュフローの内容が健全かどうかです。

p.80で紹介したとおり，各年度のキャッシュフローである内部金融は，「当期純利益＋減価償却費」で計算されます。キャッシュフロー計算書の項目でいうと，「税金等調整前当期純利益－法人税等＋減価償却費」で，これが，企業がその期間に営業活動で生み出したキャッシュフローの基本的な金額です。

ところが，この「税金等調整前当期純利益－法人税等＋減価償却費」が営業活動によるキャッシュフローと大きく異なることがあります。その原因としては，「売上債権の増加（減少）額」「棚卸資産の増加（減少）額」「仕入債務の減少額」などです。

- 売上債権（売掛金・受取手形など）が前年末より増加（減少）
  - →　売上債権への投資が増え（減り），キャッシュが減少（増加）
- 棚卸資産（商品・製品・仕掛品など）が前年末より増加（減少）
  - →　棚卸資産への投資が増え（減り），キャッシュが減少（増加）
- 仕入債務（買掛金・支払手形）が前年末より増加（減少）
  - →　仕入債務の支払が繰り延べられ（進み），キャッシュが増加（減少）

小針製作所の場合，「税金等調整前当期純利益－法人税等＋減価償却費」は4,010百万円です。

税金等調整前当期純利益1,301－法人税等409＋減価償却費3,118＝4,010百万円

上記と営業活動によるキャッシュフロー3,561百万円には，449百万円の差が

あります。この差の原因として気になるのは，売掛金の増加441百万円と棚卸資産の増加179百万円です。売掛金の増加は，回収条件を緩めて拡販していたり，不良債権が増えている可能性があります。棚卸資産の増加は，計画生産がうまくいっていなかったり，不良在庫・滞留在庫が増えていることが考えられます。いずれも事実だとすれば大きな問題なので，早急に調査・改善する必要があります。

## 3 減価償却の考え方

### ❖ 減価償却で資金を作り出すことはできない

キャッシュフロー計算書のなかでよく問題になる減価償却について，少し詳しく見てみましょう。

よく会計の入門書・専門書に「減価償却によって資金を作り出すことができる」とか，「減価償却費には節税の効果がある」と書かれています（専門用語で“減価償却の資金留保効果”あるいは“自己金融効果”と言います）。

しかし，これはとんでもない勘違いです。減価償却はあくまで会計手続で，それ自体には資金を作り出す効果も節税の効果もありません。

このことをp.80の500万円の車両を購入する例で考えてみましょう。以下の３つのケースで税金はどう変わってくるでしょうか。

A・固定資産に計上し，５年間かけて減価償却
B・固定資産に計上せず，０年目に費用で処理（税法上認められていませんが）
C・固定資産に計上したが，減価償却をせず５年後に処分

Aの場合，まず購入時に500万円が支出されます。毎年減価償却費100万円が計上されるので，法人税率が40％だとしたら，毎年100万円×40％＝40万円，５年間で計200万円が節税されます。ネットの資金支出は500万円－200万円＝

300万円です。

Bの場合，購入時に500万円費用が計上され，法人税が500万円×40％＝200万円節税されます（実際には購入時点ですべて費用計上することは認められていませんが)。ネットの資金支出は500万円－200万円＝300万円で，５年かけて減価償却を実施したAの場合と同じです。

Cの場合，購入時に500万円が支出され，ずっと費用はなく，最後に処分した時に除却損500万円が損失に計上されます。５年目に500万円×40％＝200万円が節税されます。やはり，ネットの資金支出は500万円－200万円＝300万円です。

つまり，減価償却を実施しても，しなくても，節税のタイミングが違ってくるだけで，５年間合計の節税額やネット資金支出額は変わりません。減価償却は，あくまで会計上の手続であって，経済的な意味はないのです（厳密には，節税のタイミングの違いによる金利負担の差がほんの少しだけありますが)。

### ❖何のための減価償却か？

では，経済的にはほとんど意味のない減価償却を経理部門はなぜわざわざ手間暇かけて実施しているのでしょうか。

会計規則で要求されているから，というのもありますが，本質的には，減価償却は，利害関係者に対し企業の正しい姿を表示するために実施しているのです。

損益計算書では，上記のケースのBだと１年目に，Cだと５年目に500万円が一挙に計上されるので，その年の損益が不当に悪化します。５年間社有車を使用するなら，Aのように減価償却を実施して５年間かけて費用化するのが，資産の使用実態に合った損益計算書の正しい姿を表示するうえで合理的です。

貸借対照表でも同様です。Bでは，実際には社有車を所有しているのに，固定資産に計上されず，貸借対照表が正しい財産状態を表しません。Cでは，固定資産に500万円の社有車（車両）が５年間ずっと表示されますが，実際には経年劣化で価値が減少しているはずですから，過大な資産が表示されていることになります。Aのようにまず固定資産に計上し，使用実態に合わせて減価償却を実施して資産価値を減らしていくのが，貸借対照表で正しい財政状態を表示するうえで合理的です。

繰り返しますが，減価償却は何か経済的なメリットがあるから実施するのではなく，利害関係者に正しい損益計算書・貸借対照表を示すための会計作業なのです。

減価償却は，設備投資が多い企業にとって非常に重要な概念ですが，専門家も含めて，大いに誤解されています。この機会に是非，減価償却の意味や役割を正しく理解してください。

## 4 資金繰り表

### ❖ 実務で使うのは資金繰り表

キャッシュフロー計算書は，企業の実力や経営状態について有益な情報を提供してくれます。ただし，基本は利害関係者への報告を主目的とした計算書類です。財務部門などが実際の資金管理で使うのは，資金繰り表です。

**資金繰り**とは，資金の残高がマイナスになることがないよう，将来の入金と支払を予測し，資金残高が常に余裕がある状態を維持するよう資金調達や回収促進などで管理することを言います。

資金繰り表は，**図表6-3**のように，企業の資金繰りの予定を収入・支出・手元資金残高などで表示するものです。

資金繰り表は，長い場合は月単位で，企業の状況に応じて月２回あるいは週単位など適切な期間で作成します。キャッシュフロー計算書が実績を記録・報告するのに対し，資金繰り表は，将来の予定表をまとめて資金管理に役立てます。正しくは，「資金繰り予定表」と呼ぶべきかもしれません。

### ❖ 資金繰り悪化の兆候を見逃さない

資金繰り表は，資金管理を担当する財務部門が作成・利用する管理資料で，

**図表6-3**　**資金繰り表**

（単位：千円）

| | | | 3月 | 4月 | 5月 | 6月 | 7月 |
|---|---|---|---|---|---|---|---|
| 前月より繰越（A） | | | 11,800 | 11,810 | 9,930 | 6,120 | 4,950 |
| 収入 | 売上げ | 現金売上げ | 950 | 950 | 900 | 850 | 900 |
| | | 売掛金入金 | 2,200 | 2,100 | 2,070 | 2,090 | 1,900 |
| | | 受取手形入金 | 1,380 | 1,410 | 1,190 | 1,170 | 1,080 |
| | その他 | | 80 | 100 | 110 | 80 | 90 |
| | 合　計（B） | | 4,610 | 4,560 | 4,270 | 4,190 | 3,970 |
| 支出 | 仕入 | 現金仕入れ | 250 | 280 | 270 | 660 | 900 |
| | | 買掛金支払い | 1,150 | 1,200 | 1,180 | 1,350 | 1,400 |
| | | 支払手形決済 | 800 | 750 | 800 | 950 | 1,100 |
| | 経費 | 人件費 | 1,450 | 1,410 | 1,480 | 1,450 | 1,400 |
| | | その他経費 | 850 | 800 | 900 | 900 | 920 |
| | 合　計（C） | | 4,500 | 4,440 | 4,630 | 5,310 | 5,720 |
| 差引き過不足（D=B−C） | | | 110 | 120 | ▲360 | ▲1,120 | ▲1,750 |
| 財務収支 | 借入 | 借入金 | 1,000 | 0 | 0 | 2,000 | 0 |
| | | 手形割引 | 700 | 500 | 500 | 450 | 500 |
| | 返済等 | 借入れ返済 | 1,600 | 2,400 | 3,850 | 2,200 | 3,800 |
| | | 固定預金預入 | 200 | 100 | 100 | 300 | 100 |
| 合　計（E） | | | ▲100 | ▲2,000 | ▲3,450 | ▲50 | ▲3,400 |
| 当月資金収支（F=D−E） | | | 10 | ▲1,880 | ▲3,810 | ▲1,170 | ▲5,150 |
| 手元資金残高（A+F） | | | 11,810 | 9,930 | 6,120 | 4,950 | ▲200 |

危険水域（月商の2倍を下回る）

資金ショート

財務部門以外の関係者は普段あまり目にしません。ただ，自社の経営状態が悪化したら，経営者は資金繰り表を確認します。あるいは，取引先の経営状態が悪化したら，マネジャーは取引先に資金繰り表の提出を求め，確認します。

**図表6-3**の資金繰り表を簡単に分析してみましょう。

この会社では，1カ月の売上高（月商，収入の合計B）が5百万円弱です。4月までは，収入・支出の差引過不足（D）がプラスで，営業活動の収支はプラスですが，借入金の返済負担が大きいのが気になります。4月以降は全体の収支である当月資金収支（F）が大幅なマイナスになって，資金繰りが悪化しています。

一番下の手元資金残高は毎月減り続け，５月に月商の２倍を下回る危険水域に達し，７月にはマイナスになります。７月までに回収促進・資金調達といった対策を打たないと，この会社は倒産してしまいます。

*Column*（コラム）

### 資金繰りが生命線

「ミナミの帝王」「ナニワ金融道」「闇金ウシジマくん」といった人気の漫画では，“闇金”と呼ばれる金融業者が暗躍します。闇金は，「トイチ（10日間で10%）」など高利で融資しています。もちろん，違法です。

「あんな高い金利で借りて，返せるわけないよ。借りる人が悪い」と思うかもしれませんが，現実に闇金から借りる人はたくさんいます。企業でも，闇金まではいかないものの，高利のノンバンクのお世話になることは珍しくありません。

それだけ，企業経営において資金繰りが重要で，資金を繋ぐためには利率など構ってはいられない，ということでしょう。企業は，赤字かどうかではなく，資金がなくなって債務を返済できなくなったら倒産ですから。

資金繰りが問題になるのは，経営状態が悪化したときか，創業の初期段階です。創業の初期段階では，経営者や事業への信用がないので，一般的な金融機関は融資を躊躇します。

そこで，「アメリカのように，創業期の企業に投資する**ベンチャーキャピタル**を充実させるべきだ」という議論が出てきます。

たしかに，今後日本でもベンチャーキャピタルを充実させることが重要課題ですが，ベンチャーキャピタルに過大な期待を寄せるのはどうでしょうか。アメリカでもベンチャーキャピタルの投資対象は，ある程度事業が軌道に乗った企業が中心で，事業計画段階や創業間もない企業への投資はかなり稀なようです。

国による政策支援にも限界があり，創業期の資金不足は，実に悩ましい問題です。

経営者や財務部門以外のマネジャーは，細かいことまで知る必要はありませんが，キャッシュフロー計算書のほかに資金繰り表が存在し，資金管理では重要な役割を果たしていることは，ぜひ理解してください。

## 5　リスクと企業価値

### ❖収益変動のリスクと企業価値

続いて，リスク管理の考え方・技法を確認しましょう。

ファイナンスでは収益変動の不確実性のことをリスクと呼びます。とくに問題になるのは投機的リスクです。

一般に人間はリスクを嫌い，リスクを小さくしよう，避けようと努力します。リスクが小さいことにはどういうメリットがあるのでしょうか。

1つは，誰もが思いつくように，リスクが小さいと，不測の事態に直面したとき倒産する危険性が小さくなることです。企業は債務を返済できなくなったら倒産ですが，収益の変動が小さいと，事業がうまくいかなかったときに債務を返済できなくなる危険性が減少します。

そしてもう1つ，意外と軽視されているのが，リスクが小さいと企業価値が高まるというメリットです。

2点目について，数値例で考えてみましょう。

ある企業が100の資金で事業を始めました。事業の利回りが，1年目プラス50%，2年目マイナス50%，3年目プラス50%，4年目マイナス50%と10年間繰り返したら，10年後に当初の資金はいくらになるでしょうか。

直観的に「10年後も100のままでしょ」と思った方が多いかもしれません。しかし，**図表6-4**のとおり，元本は23.7，当初の4分の1以下に激減してしまいます。

数字に強い人なら大丈夫でしょうが，1年目は元本100を50%で運用するので150になり，2年目は150という大きくなった元本に対してマイナス50%なので，75に減ってしまいます。小さな元本に対するプラスの利回りよりも，大き

図表6－4　利回りの変動と資産価値①

| 年　度 | 0 | 1 | 2 | 3 | 4 | 5 | 6 | 7 | 8 | 9 | 10 |
|---|---|---|---|---|---|---|---|---|---|---|---|
| 元　本 | 100 | 150 | 75 | 112.5 | 56.3 | 84.4 | 42.2 | 63.3 | 31.6 | 47.5 | 23.7 |
| 年利 (%) | | 50 | ▲50 | 50 | ▲50 | 50 | ▲50 | 50 | ▲50 | 50 | ▲50 |

な元本に対するマイナスの利回りのほうがより大きく効いてしまうわけで，これを長期間繰り返すと実に大きなマイナスの複利効果が働くのです。

50%というのはちょっと極端なので，プラス10%とマイナス10%を10年間繰り返した場合はどうでしょうか。答えは95.1で，50%の場合ほど悲惨ではありませんが，やはり元本を減らしてしまいます。

図表6－5　利回りの変動と資産価値②

| 年　度 | 0 | 1 | 2 | 3 | 4 | 5 | 6 | 7 | 8 | 9 | 10 |
|---|---|---|---|---|---|---|---|---|---|---|---|
| 元　本 | 100 | 110 | 99 | 108.9 | 98.0 | 107.8 | 97.0 | 106.73 | 96.1 | 105.7 | 95.1 |
| 年利 (%) | | 10 | ▲10 | 10 | ▲10 | 10 | ▲10 | 10 | ▲10 | 10 | ▲10 |

利回りがプラスで資産が増えていく場合でも，基本は同じです。100の元本を毎年20%で10年間運用する場合（X）と０%と40%を繰り返す場合（Y）ではどうでしょうか。Xは619.2，Yは537.8と大きな差が付き，利回りの変動が小さいほうが勝ります。

ぜひ，表計算ソフトを使っていろいろなパターンを試してみてください。

### ❖ リスク低下は企業価値を高める

以上のことからわかるのは，利回りの変動，つまりリスクは，単に倒産の危険性があるだけでなく，企業価値にマイナスに働くということです。平均すると同じ資本収益率の事業でも，収益率の変動が小さい事業のほうが大きい事業よりも企業価値が増加します。

Column コラム

### 複利は人類最大の発見

資産運用の世界で，「**72の法則**」という有名な法則があります。何%で何年間複利で運用すると元本が倍になるかを示すものです。

たとえば，８%で９年間運用すると元本が倍になります（８×９＝72）。２%だと，倍になるのに36年かかります（２×36＝72）。

日本の預金金利はほとんど０%の低水準ですが，0.1%だと倍になるのに720年もかかります。日本のGDP成長率は１%前後の低水準ですから，２倍の経済規模になるのは72年後です。いまはライバル企業の２倍の売上があっても，自社が横ばいでライバルが７%で成長したら，10年と少しで追いつかれてしまいます。複利の効果おそるべしです。

かつてアインシュタインは「複利は人類最大の発見」と語りました。72の法則も，利回りの変動で投資価値が変わってくることも，複利のマジックの１つです。

複利の効果を得るには，安定的なリターンで長期間じっくり運用することが大切です。

経営者・リーダーは，利益を増やすために，新事業を始めたり，新商品を開発したり，新市場に進出したり，といったリスクテイクをします。しかし，リスクテイクによって収益の変動が大きくなると，利益が出ていても思ったほど企業価値が増えないということが起こります。

経営者・リーダーは，企業価値を高めるためにまずリスクテイクをする必要がありますが，同時にリスクが大きくなって企業価値を減らすことがないよう，事業のリスクをコントロールする必要があるのです。

## 6 リスク管理の進め方・技法

### ❖リスク対応の４つのアプローチ

ここからは，ファイナンスと関連の深い投機的リスクを中心に，リスク管理の進め方・技法を考えていきましょう。

認識したリスクを処理する手段として，次の４つのアプローチがあります。

① **回避**……リスクが発生しそうな活動をそもそもしないこと。

② **受容**……リスクの発生可能性を容認し，損失が発生したら，自らの費用で損失を埋め合わせること。

③ **軽減**……内部統制やリスクマネジメント・プログラムなどによって，リスクによる損失の発生確率を低減したり，損失の規模を最小限にとどめるようにすること。

④ **移転**……リスクを第三者に移転すること。ヘッジ，保険，分散などの方法があります。

この４つのアプローチから，リスクの発生確率や影響度などによって対応を選択します。

### ❖リスクの回避

発生確率が高く，企業に重大なマイナス影響を与えるなら，「回避」を選択します。たとえば，以下のような場合です。

- 金融リスクを避けるために，倒産の可能性が高い危険な取引先とは取引しない。
- カントリーリスクを避けるために，発展途上国には進出しない。

ただし，あまりリスクを回避してばかりいると，大きなリターンを得る可能性まで排除してしまうことになりかねません。本当に発生確率が高いのか，本

図表6-6　リスク処理手段

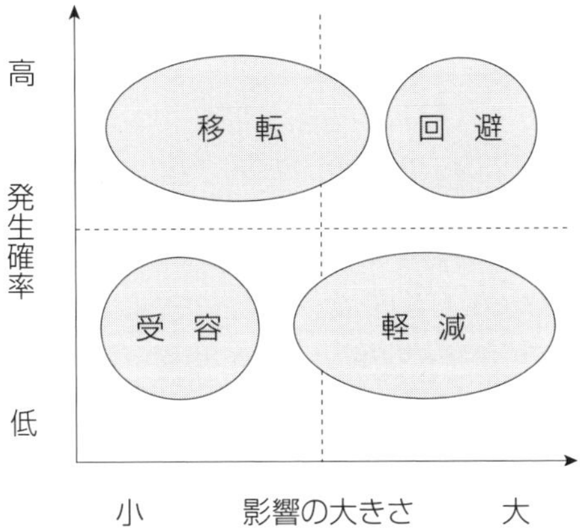


当に影響が大きいのか，正確にリスクを認識する必要があります。

### リスクの受容

リスクの発生確率が低く，影響度も小さいなら，「受容」で良いでしょう。また，企業に財務的なリスク耐久力がある場合，適切な「軽減」「移転」の方法がない場合，「軽減」「移転」のコストが高い場合も「受容」を選択します。

たとえば，多くの企業が短期借入金を変動金利で借りており，金利変動リスクを受容しています。これは，多くの企業ではそれほど大きな額の借入金利息を負担しているわけではなく，金利上昇で支払額が増えても十分に負担できると考えているからでしょう。

リスクを「回避」すると，リターンを獲得するチャンスを失ってしまいます。「軽減」「移転」にはコストがかかります。リスクがあったら逐一対処するのが当然だと考えがちですが，意外と「受容」を選択する場面は多いのです。

### リスクの軽減

発生確率が低くても，影響が大きいリスクについては，リスクの「軽減」を選択します。

●工場で安全性の高い装置を使用し，事故リスクを軽減する。

●投資で借入金による調達の割合を減らし，財務レバレッジを軽減する。

現場レベルのリスク管理で最も重要なのは，「軽減」です。

### ❖ヘッジによるリスクの移転

影響度が大きく，オペレーションの変更などによって「軽減」することが難しいリスクについては，第三者への「移転」を中心に対応します。

「移転」の第１の方法は，**ヘッジ**（hedge）です。ヘッジとは，将来の価格変動から生ずるリスクを，あらかじめ固定した値で取引する一定の契約を結んで回避・削減することで，その手段として先渡し，先物，スワップがあります。

① **先渡し**……将来のある時点で，あらかじめ合意した価格に基づいて取引する契約。

② **先物**……将来の一定の期日に現時点で取り決めた価格で取引する契約。先渡しと違って，先物は取引所を仲介して行われ，現物の引渡しをせず，差金だけを決済する。

③ **スワップ**……一定期間のキャッシュフローを契約の相手方と相互に交換する契約。金利や通貨（為替）がよく対象になる。

### ❖インシュアリングによるリスク移転

リスク移転の２つ目の方法がインシュアリングです。インシュアリングとは，第三者にプレミアムを支払ってリスクを負担してもらい，損失を回避することです。保険，信用保証，オプション契約が該当します。

このうち**オプション**（option）契約は，ある物をあらかじめ定めた将来の価格において購入または売却する権利を取引する契約を言います。売る権利をプット・オプション（put option），買う権利をコール・オプション（call option）と言います。金利・為替や商品など，広く利用されています。

たとえば，ある米菓メーカーがコメを６カ月後に500円/kgで購入するコール・オプションを購入したとします。

現在450円の相場が６カ月後に600円に値上がりしていたら，権利を行使して500円で購入し，同時にそれを600円で売却して利益100円を得ます（コール・オプションのプレミアムがあるので，ネットの利益は100円を下回ります）。

逆に相場が460円になったとしたら，行使価格500円を下回るので権利を放棄します。

### 分散によるリスク移転

「分散」とは，１つのリスク資産に集中して投資するのではなく，複数の資産に分散投資する（ポートフォリオを組む）ことによりリスクを軽減し，損失の規模を減少させることを言います。

また分散に近いリスク管理方法として，**ナチュラル・ヘッジ**（natural hedge）があります。

たとえば，ある商社がアメリカに商品を輸出しており，10百万ドルのドル建て売掛金があります。ここで１ドルが100円から90円に円高（＝ドル安）になると，円建ての売掛金の入金額は，10億円から９億円に減ってしまいます。この商社は為替の変動リスクを負っています。

ここで，この商社が売掛金と同額の10百万円の買掛金を保有しているとしましょう。10円円高になると，買掛金の支払額は10億円から９億円に減り，入金額の減少分は補てんされます。

この例のように同額の収入と同額の支出をすることでリスクヘッジするのがナチュラル・ヘッジです。

## チェックポイント

1 自社のキャッシュフロー計算書を分析し，キャッシュ創出力について評価してください。

2 （財務部門に頼んで）自社の資金繰り表を確認してください。手元資金残高の目標があるかどうかも確認してください。

3 自社の過去10年間のフリーキャッシュフローの変動を同業他社と比較し，リスクの大きさを確認してください。

4 事業リスクの管理をどのように行っているかを確認してください。

5 事業リスクの他に，どのようなリスクがあるかを確認してください。

6 為替リスクの管理をどのように行っているかを確認してください。デリバティブの活用についても確認してください。

## ケース演習⑤　化粧品メーカーのリスク管理

クラリア（仮名）は，準大手化粧品メーカーです。1977年の創業以来，肌に優しい高品質の製品を武器に，国内で事業を拡大してきました。しかし，デフレ不況や人口減少を受けて，1990年代半ば以降，成長が鈍化しています。

再び成長路線を取り戻すために，クラリアの経営陣はアジア市場の開拓を検討しています。現在，一部の製品を輸出していますが，輸送コストや現地販売網の問題があり，販売は伸びていません。海外売上比率は，１%にも満たない状態です。

その反省を踏まえて，今回は現地に工場を設立し，日本から原料を輸出し，ボトル詰めをして，現地代理店を通して販売するスキームで事業展開をする予定です。

あなたは，今回の海外事業の責任者です。このたび社長から「期待の大きい事業だが，リスクも大きいと思われる。どういうリスクがあり，どういう対応が考えられるのだろうか」という質問を受けました。

海外展開そのものは必ず実施するという前提で，考えうるリスクと対応を整理してください。

☞ 解説はp.187

# 第７章 業績を評価する

本章のポイント　事業を計画・実行した後，業績を評価します。ROEや貢献利益など財務指標を中心とした伝統的な評価から財務以外にも着目した多面的評価や市場ベースの評価へと変化しつつあることを理解しましょう。また，事業撤退の意思決定の進め方についても学びます。

## 1 PDCAと業績評価

### ❖最後に業績を評価する

第６章までの各章では，経営環境の分析（第２章），事業の計画（第３章），資金調達（第４章），設備投資の計画（第５章），キャッシュフローとリスクの管理（第６章）と，事業活動のプロセスで会計＆ファイナンスの技法をどう使うのかを見てきました。よくPDCAと言われるように，事業活動プロセスの最後は，評価と改善です。

経営者の天才的な閃き（ひらめき）や卓越したリーダーシップによって，あるいは幸運に恵まれて，短期間で大躍進を遂げる企業があります。しかし，たいていの場合，成功は短期間で終わってしまいます。成功が短期間で終わるのか，長期的に発展を続けることができるかは，戦略を実行した後の業績評価と改善にかかっています。

もちろん，経営戦略・計画への関係者のコミットメントを高めるには，事前に綿密な計画を策定することが大切です。事業環境を綿密に分析し，内外の環境に適合した適切な計画を立案しなければなりません。

しかし，事業構造が複雑化・グローバル化していること，環境変化が激しくなっていることから，事前に計画の精度を上げることには限界があります。それよりは，事後の評価とそれに基づく改善をしっかり実施するほうが効果的でしょう。

計画を作り，実行して終わりではなく，必ずその結果を評価し，改善し，次のPDCAサイクルに役立てます。なお，管理会計では，Ｐの部分で数字を使うことを計画会計，Ｃの部分を統制会計と言います。この章では，後半のＣとＡの部分を中心に考察します。

### ❖ 予実管理

企業は，中期経営計画，それを年度ごとにブレイクダウンした年度予算，さらにそれを月単位でブレイクダウンした月次予算の３つを中心に活動しています。したがって，PDCAの中心は，中期経営計画・年度予算・月次予算を達成できているかどうかを管理することです。予算と実績を比較して管理するので，**予実管理**と言います。

中期経営計画については毎年度が終わったら，年度予算については四半期が終了するごとに，月次予算については各月が終わったら，達成状況を確認します。

達成状況は売上高や利益など，計画や予算に対する達成率で評価するのが一般的です。たとえば売上高の予算達成率は，以下のとおり計算します。

予算達成率＝実績売上高÷予算売上高

そして，達成率が100％を大きく下回った項目，上回った項目について原因を調査して，対策を打ちます。売上高や利益については，「上回っているならわざわざ原因を調べる必要はないのでは？」と考えがちです。しかし，必要以上の大きなリスクを取ったことが，たまたま当たったなど，大きな問題が潜んでいるかもしれません。上回っている場合についても，確認するようにしましょう。

### ❖ 数量差異・価格差異の分析

売上高と売上原価は販売・生産を中心に事業活動の成果を代表的かつ直接的に表します。売上高や売上原価の予算との差異を原因分析することは，事業活動を改善するうえで非常に大切です。

予実管理では，予算と実績の差異が「数量」の増減によるものか，「単価」の増減によるものかを区別して分析します。数量による差異を数量差異，単価による差異のことを価格差異と言い，次の式で計算します。

**数量差異**＝(実績数量－予算数量)×予算単価
**価格差異**＝(実績単価－予算単価)×実績数量

たとえば，**図表7－1**の数値例で，売上高が予算比マイナス60,000円だった原因を以下のように計算します。

**図表7－1　予算差異の設例**

| | 予算 | 実績 | 差異 |
|---|---|---|---|
| 販売数量 | 180 | 200 | 20 |
| 販売単価 | 5,000 | 4,200 | ▲800 |
| 売上高 | 900,000 | 840,000 | ▲60,000 |

数量差異：(実績数量200－予算数量180)×予算単価5,000
　　　　＝100,000円
単価差異：(実績単価4,200－予算単価5,000)×実績数量200
　　　　＝▲160,000円

数量差異は100,000円，単価差異は▲160,000円と要因分析できました。

なお，ここでは予算との差異を分析していますが，予算の代わりに過年度実績や同業他社の実績を用いても，同様の分析をすることができます。

# 2 デュポンシステム

## ❖ デュポンシステムとは

計画や予算の達成状況を評価するとともに，経営者・事業責任者にとっては，事業がそもそもうまくいっているのか，という評価も必要です。第２章で紹介した経営指標を使って評価することになるのですが，この事業評価のあり方は，近年大きく変貌しています。

最近の動向をお伝えする前に，まずアメリカにおける伝統的な方法を紹介しましょう。伝統的な方法とは，アメリカの大手化学メーカーのデュポンが1919年（*!*）に開発した**デュポンシステム**です。

株主を重視するアメリカでは，当時からROEが重視されるようになっていましたが，デュポンは，単純にROEを算定するのではなく，これを以下のように分解しました。

$$ROE = \frac{\text{当期純利益}}{\text{自己資本}}$$

$$= \frac{\text{総資産}}{\text{自己資本}} \times \frac{\text{売上高}}{\text{総資産}} \times \frac{\text{当期純利益}}{\text{売上高}}$$

式の２行目左側の総資産／自己資本は，自己資本比率（p.37参照）の逆数で，財務レバレッジと言います。真ん中の売上高／総資産は総資産回転率（p.42参照），右側の当期純利益／売上高は，売上高当期純利益率です。つまり，デュポンシステムでは，財務レバレッジ，総資産回転率，売上高当期純利益率の３つで総合的にROEを高めようというものです。

## ❖ デュポンシステムの実際

化学メーカーの西島化学（仮名）には，化成品部門と農薬部門があり，**図表7-2**のような財務数値です。

**図表7-2**　デュポンシステム

（単位：百万円）

| | 化成品 | 農　薬 |
|---|---|---|
| 売上高 | 2,460 | 3,200 |
| 当期純利益 | 120 | 110 |
| 総資産 | 2,020 | 4,790 |
| 自己資本 | 870 | 540 |

両部門のROEをデュポンシステムで評価すると，以下のようになります。

化成品部門：ROE＝当期純利益120÷自己資本870＝13.8％
＝財務レバレッジ2.32×総資産回転率1.22
×売上高当期純利益率4.88％

農 薬 部 門：ROE＝当期純利益率110÷自己資本540＝20.4％
＝財務レバレッジ8.87×総資産回転率0.67
×売上高当期純利益率3.44％

農薬部門のほうがROEは高いですが，財務レバレッジに依存しているのが気になるところです。

### ❖ デュポンシステムの利点と欠点

ROEを重視するアメリカにあって，デュポンシステムは，今日もなお業績評価の中心です。たとえば，アメリカのGE（General Electric）は，各事業がROE20％以上を維持することを要求しています（20％を下回ったら基本的に撤退）。

デュポンシステムが企業にとって都合が良いのは，単一の指標でシンプルかつ総合的に事業の状況を確認できること，ROEの性質から業種や事業形態などに関係なく比較・評価できることです。後で紹介するバランスト・スコアカードのようにいろいろな指標を使って管理するのと比べて，事業管理にかかる手間・コストを軽減することができます。

しかし，デュポンシステムには重大な問題があります。それは，企業の安全性を損なう可能性があることです。

ある事業部門の責任者が，経営者から「部門の業績をROEで評価し，君のボーナスを決めるよ」と言われたとします。当然，事業責任者はROEを向上させるために必死に頑張ります。

ROEを上げるには，構成要素である財務レバレッジ，総資産回転率，売上高当期純利益率の３つを改善すれば良いわけですが，どれが最も実現しにくいでしょうか，どれが最も実現しやすいでしょうか。

事業内容や金融環境などにもよりますが，一般的には，売上高当期純利益率を上げるのが一番難しく，財務レバレッジを上げるのが一番簡単でしょう。売上高当期純利益率を上げるには，コストを下げるか，売価を上げるか，いずれにせよ多大な努力が必要です。それに対し，財務レバレッジは銀行などから借入金を調達すれば，短期間で引き上げることができます。

ROEで評価される事業責任者（経営者でも同じ）は，最初は売上高当期純利益率も上げようと頑張るでしょう。しかし，それが困難だとわかると，容易に実現できる財務レバレッジを引き上げようとするはずです。

財務レバレッジは自己資本比率の逆数ですから，財務レバレッジを引き上げると，自己資本比率が悪化し，財務の安全性が損なわれます。財務レバレッジの向上によるROE改善は，財務の安全性を犠牲にして見かけの収益性を引き上げているのです。

先ほどの西島化学でも，農薬部門は財務レバレッジによってROEを維持しており，こうした問題がうかがえます。

### ❖ 安全性と収益性をバランスさせる

GEは，各事業のROEが20％を超えるよう要求しており，実際に会社全体でも長年ROE20％以上を概ね維持しています。ただ，その中身は大きく変化しています。

GEは，エジソンの研究所を源流とする電機メーカーでした。1970年代以降，日本メーカーとの競争が厳しくなった電機事業では，売上高当期純利益率を維持するのは難しく，高ROEを維持できなくなりました。ところが，新たに参入した金融事業では，借入金で調達した資金を貸し付ければ，たとえ利幅が薄くても財務レバレッジの効果でROEを高めることができました。

こうしてGEは，徐々に金融事業に軸足を移すようになり，リーマンショック前には会社全体の利益の半分以上を金融事業で稼ぎ出す金融企業に変身したのです。1980年頃まで自己資本比率が40～50％でしたが，2000年代には10％台に低下しています。

金融企業でも何でも，ROE20％を維持できれば良いではないか，という意見がありましょう。それも一理ありますが，さすがのGEもリーマンショック時には信用を不安視される事態に陥り，金融事業から撤退し，経営改革に取り組んでいます。

財務レバレッジを使ってROEを高めるのは容易ですが，それは安全性を犠牲にして収益性を高めることを意味します。やはり，収益性と安全性を適度にバランスさせることが大切ではないでしょうか。

「ROEで評価します」と言われたら，たいてい誰でも財務レバレッジを高めようとします。経営者でも，マネジャーでも，一般従業員でも，人は評価によって行動を変えるということを理解し，適切な評価指標を設定する必要があります。

## 3　貢献利益

### ❖ 貢献利益とは

部門単位の業績評価においてROEとともに重要なのが，貢献利益による評価です。

貢献利益とは，以下のような計算式で算出します。

**貢献利益**＝売上高－変動費－統制可能固定費

固定費には，自部門で支出を管理できる統制可能固定費と管理できない非統制固定費があります。統制固定費は，人件費，旅費交通費など，部門の活動で個別に使用する固定費です。非統制固定費は，本社管理費の各部門への配賦分や他部門との共通費など，部門では管理ができない固定費のことを言います。

「売上高－変動費」が限界利益でした（p.61参照）。その限界利益から，統制固定費を控除したのが貢献利益で，各部門が責任を持って生み出すべき利益ということになります（ネットや一部の入門書では，限界利益と貢献利益を同一とする記述が見られますが，異なる利益概念と捉えるのが正確です）。非統制固定費は，各部門ではコントロールできませんし，仮に事業を停止しても発生するので，各部門の責任には含めません。

株主から見て最終的に大切なのはROEであり，各部門はROE向上を目指して活動するべきです。ただ，ROEには非統制固定費や営業外費用，特別損益，法人税など，各部門でコントロールできない要因が含まれることから，各事業部門の評価にはやや不適切です。社内的な評価という点では，各部門の責任範囲で評価する貢献利益が適切なのです。

### ❖ 貢献利益による事業評価の実際

数値例を使って，限界利益と貢献利益の違いや貢献利益の解釈について確認しましょう。ある電機メーカーでは，主力製品であるエアコン・テレビ・冷蔵庫について，**図表７－３**のような売上高・コストのデータを得ました。

**図表７－３　部門別評価①**

（単位：億円（各左列），％（各右列））

| | エアコン | | テレビ | | 冷蔵庫 | |
|---|---|---|---|---|---|---|
| 売上高 | 2,000 | 100.0 | 3,500 | 100.0 | 2,500 | 100.0 |
| コスト | 2,050 | 102.5 | 3,200 | 91.4 | 2,300 | 92.0 |
| 営業利益 | ▲50 | ▲2.5 | 300 | 8.6 | 200 | 8.0 |

売上高・営業利益の額と営業利益率のすべてでテレビがトップ，エアコンが最下位です。

このデータの範囲では，テレビが３部門のなかで最も優良な事業，エアコンが最も成績の悪い事業と言えます。

このコストを変動費・統制固定費・非統制固定費に分けると，限界利益と貢献利益を算定できます（**図表7-4**）。

**図表7-4 部門別評価②**

（単位：億円（各左列），%（各右列））

| | エアコン | | テレビ | | 冷蔵庫 | |
|---|---|---|---|---|---|---|
| 売上高 | 2,000 | 100.0 | 3,500 | 100.0 | 2,500 | 100.0 |
| 変動費 | 1,100 | 55.0 | 2,000 | 57.1 | 1,200 | 48.0 |
| 限界利益 | 900 | 45.0 | 1,500 | 42.9 | 1,300 | 52.0 |
| 統制固定費 | 350 | 17.5 | 700 | 20.0 | 550 | 22.0 |
| 貢献利益 | 550 | 27.5 | 800 | 22.9 | 750 | 30.0 |
| 非統制固定費 | 600 | 30.0 | 500 | 14.3 | 550 | 22.0 |
| 営業利益 | ▲50 | ▲2.5 | 300 | 8.6 | 200 | 8.0 |

貢献利益率で見ると，最も良いのが冷蔵庫，次がエアコン，テレビの順で，営業利益率とは違う結果になりました。また，エアコンは営業利益がマイナスでしたが，貢献利益は黒字なので利益面では撤退する必要がないということが言えそうです。今後は，限界利益率が高い冷蔵庫に最も注力するべきです。

このように，営業利益と貢献利益では，異なる評価結果，異なる判断になることがよくあります。

## 4 EVA

### ❖ EVA

近年，ROEや貢献利益を中心とした業績評価が大きく変化しています。

その動きの1つが，資本コストを意識した評価です。これを代表する管理指標が米スターン＆スチュワート社が開発したEVA*です。

＊EVAは，Stern Stewart & Co.の登録商標です。本書では®マークを省略しています。

EVA（Economic Value Added：経済的付加価値）は，以下の式で算出します。

EVA＝税引後利子控除前営業利益－投下資本×WACC

ここで，「税引後利子控除前営業利益」は，簡単に言うと事業活動で得られるフリーキャッシュフローです（減価償却費と投資額は，長期的に一致するという想定で無視します)。「投下資本×WACC」は事業の資本コストを金額ベースで表しています。

つまり，EVAは，資本コストを勘案した実質的なキャッシュフローです。

●EVAがプラス　→　事業が企業価値を増やしている
●EVAがマイナス　→　事業が企業価値を減らしている

日本では，日本独特の利益概念である経常利益を重視し，1円でも経常利益が出ていれば「事業がうまくいっている」と評価する企業が多いようです。しかし，経常利益がプラスでもEVAがマイナスなら，その事業は企業価値を減らす不採算事業という評価になるのです。

### ❖ EVAによる事業評価の実際

ある総合商社では，最近，従来の営業利益に代えて，EVAで事業を評価することにしました。

その結果，鉄鋼事業について，以下のようなデータが得られました。

●営業利益15億円
●支払利息５億円
●法人税率40％
●投下資本300億円
●WACC：７％

EVA＝(15億円＋５億円)×(１－0.4)－300億円×７％
＝▲９億円

経営陣は，低収益であるものの営業利益が黒字なので問題ないだろうと考えていました。しかし，EVAでは赤字で，企業価値を毀損していると知り，早速この事業の抜本的な構造改革に乗り出しました。

日本企業では，1998年に花王が初めてEVAを導入しました。その後，株主重視，資本コスト重視のトレンドが徐々に広がり，近年EVAを導入・活用する企業が増えています。

## 5　バランスト・スコアカード

### 非財務指標を含めた多面的な評価へ

業績評価において資本コストを重視する傾向とともに重要な近年の変化が，非財務指標を含めた多面的な指標による評価です。

ROEにせよ，貢献利益にせよ，あるいは近年のEVAにせよ，単独の財務指標による評価でした（デュポンシステムではROEを３つに分解しますが）。しかし，事業が多角化し，グローバルに事業展開するようになると，たった１つの指標で事業を評価するのは無理があります。各事業の実態に合った多面的な指標で評価するのが現実的だと考えられるようになりました。

ROEやEVAなどの財務指標は事業活動の結果を数値化したものです。先ほどROEという評価指標が借入金への依存をもたらすことを紹介したとおり，人は評価によって行動を変えます。そうであるなら，結果である財務指標だけでなく，良い結果を生む原因となる良い行動を引き出すよう，行動を直接的に評価する指標を設定することが有効です。財務指標以外の指標も広く活用して，経営者・マネジャー・一般従業員の行動をコントロールしようということになります。

従来は，社内のITインフラが発達していなかったので，あまり多数の指標で評価すると，評価・分析の手間・コストがかかりすぎるという問題がありました。しかし，近年のIT・AIの発達で，こうした障害は小さくなりました。

### ❖ バランスト・スコアカードの考え方

こうした背景からハーバード大学のカプランとコンサルタントのノートンが開発し，近年世界的に普及しているのが，**バランスト・スコアカード**（Balanced Scorecard，以下BSC）です。

BSCは，企業がビジョン・戦略を実現するために，財務以外も含めた複数の視点からなる多数の業績評価指標によって事業を管理する仕組みです。カプランとノートンのオリジナル版では，以下の４つの視点からの指標を設定しています。

① **財務の視点**：利害関係者，とくに株主の期待にこたえるため，収益性など財務的に成功するためにどのように行動すべきか。

② **顧客の視点**：ビジョン・戦略を実現するために，顧客に対してどのように行動すべきか。

③ **ビジネスプロセスの視点**：財務的目標の達成や顧客満足度を向上させるために，いかに優れた業務プロセスを構築するか。

④ **学習と成長の視点**：ビジョン・戦略を実現するために組織・個人がどのように変化し，能力の向上を図っていくか。

４つの視点のうち①財務の視点は，ROEや貢献利益に代表される従来の財務指標ですが，③ビジネスプロセスの視点は，必ずしも財務指標とは限りません。②顧客の視点と④学習と成長の視点は，基本的には非財務指標です。なお，こうした業績を計測する指標のことを**KPI**（Key Performance Indicator：重要業績評価指標）と呼びます。

４つの視点には，④→③→②→①という因果関係が想定されています。出発点は，社員の学習と成長です。社員が学習し，能力を向上させると，良い業務をするようになり，ビジネスプロセスが改善されます。ビジネスプロセスが改善されると，顧客に良い製品・サービスを提供できるようになり，顧客満足が高まります。顧客満足が高まると，売上高が増え，最終的に財務の視点が改善します。

繰り返しますが，従来は最終的な結果である財務の視点だけを単一（あるいは少数）の指標で管理していました。これに対しBSCは，原因までさかのぼってたくさんの指標で管理しようというものです。

### ❖バランスト・スコアカードの作成と運用

**図表7-5**は，あるコンサルティング会社のBSCです（かなり簡略化しています）。

コンサルティング料金が高額で優良企業しか利用できないコンサルティング会社が多いなか，この会社は，４つの視点からたくさんのKPIを設定し，「中堅・中小企業に気軽に利用してもらえる安価・良質なサービス」を提供することを目指して活動しています。

日本でも近年，BSCを導入する企業が増えています。ITベンダーが主導して，BSCのための大掛かりなイントラ・システムを構築する例も多く見受けます。

図表7-5　バランスト・スコアカード

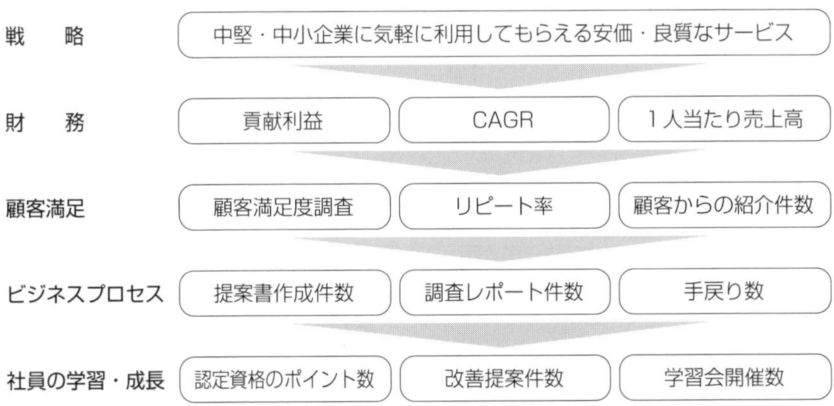

ただ，BSCを導入すれば事業管理が万事うまくいくというわけではありません。いくつか問題点があります。

まず，たくさんの指標を管理するBSCでは，「あれも重要，これも大切」ということで，焦点が定まりにくくなります。何に重点的に取り組んでよいのかわからず，現場が混乱するということがよく起きます。

また，評価指標に関するデータ集計はシステムがやってくれますが，それを解釈し，現場に展開し，管理するのは中間管理職の仕事です。BSC導入で中間管理職の業務負荷が劇的に増えたという意見をよく耳にします。

こうした問題点から，BSCを導入する場合，現場にとってわかりやすく，運用などに無理のない，簡素な形で導入すると良いでしょう。

## 6 撤退判断と撤退基準

### ❖事業継続・撤退の判断

この章の最後に，事業の継続・撤退の判断について考えてみましょう。

事業を評価した結果，事業の状態が思わしくなく，今後改善の見込みが薄いという場合，継続するのか，撤退するのかを判断しなければなりません。撤退は，究極の意思決定です。

日本企業は，戦後長く事業が順調に成長してきたこと，従業員や地域社会との関係を重視してきたことから，事業撤退には消極的でした。赤字であっても，倒産さえしなければ事業を維持し，万策尽きた場合にだけ撤退するというのが原則でした。

しかし，1990年以降，事業の成熟化やグローバル競争の激化を受けて，事業再編への取組みが加速しています。単なるコスト削減では立て直しが難しいという場合，企業の垣根を越えた事業再編，さらには撤退を迫られるケースが増えています。

また，競争力があり，利益を生んでいる事業でも，事業ポートフォリオを主体的に変革するために，撤退する事例が増えています。たとえば，味の素は

Column コラム

## 事前の計画か，事後の対応か

目まぐるしく事業環境が変化する今日，変化にどう対応するかは，企業にとって重要な課題です。とくに発生確率は低いものの，実際に発生すると大きな影響を及ぼす事がらを**テールリスク**（tail risk）と言い，日本では東日本大震災が発生した2011年以降，注目を集めています。

リスクへの対応には，３つの考え方があります。

①　事前の予測の精度を上げる。

②　予測される事態をシナリオ分けして，対応を決めておく。

③　変化が実際に起きた時の対応力を高める。

旧ソビエトの５カ年計画の考え方は①です。現代でも，経営企画部門に優秀なスタッフを集結させて，予測の精度を上げようと奮闘している企業がよく見受けられます。しかし，環境変化が激しくなると，このやり方は難しくなります。

1980年代から90年代にかけて，②が注目を集めました。日本でも多くの企業がシナリオごとに計画を作る**シナリオ・プラニング**（scenario planning）を取り入れました。

ただ，この方法も，経営者や経営企画部門が主要なシナリオを予測できるという前提に立っており，予測が難しい変化，とくにテールリスクには無力です。また，多くの計画が乱立すると，オペレーションが混乱してしまうという問題があります。

この①と②が事前の予測であるのに対し，近年企業に広がっているのは，③の事後対応です。変化を予測するものの，完全に予測するのは困難ですし，コストも膨大です。ならば，実際の変化が起こった時に柔軟に対応できるような組織としての能力を高めておくほうが効率的ではないか，という考え方です。

事後の対応がうまくいくかどうかは，トップのリーダーシップもさることながら，従業員の能力やマインドに依存します。一般に，アメリカや新興国の企業では，トップやマネジメント層と一般従業員の能力差が大きく，現場の従業員が主体的に変化に対応することは困難です。現場の従業員の能力が高い日本企業は，環境変化への対応力という点で，大きなアドバンテージを持っていると言えるでしょう。

2013年に，子会社のカルピスを1,200億円でアサヒグループホールディングスに売却しました。カルピスは黒字ですが，味の素は，調味料・食品などコア事業に経営資源を集中し，グローバル化を推進するために，撤退という判断に踏み切ったようです。

## ❖ 撤退基準の作成と運用

撤退という重要な意思決定において，何も判断基準が存在しないということでは困ります。1990年代後半以降，多数の事業を複合的に展開する総合電機メーカーや総合商社を中心に，撤退基準を設定して事業を選別する組織的な動きが広がっています。

撤退基準の中身は各社まちまちですが，利益やEVAを基準にしている企業が多いようです。

「利益」では，かつてのGEのようにROEを基準にする企業もありますが，事業部門の責任利益である貢献利益を利用することが一般的です。貢献利益は，限界利益から統制可能固定費を差し引いた金額です（p.145参照）。

## ❖ 管理会計的な撤退判断

ただし，貢献利益にせよ，EVAにせよ，過去の実績に基づいて撤退を判断するのは理論的には間違っています。

管理会計では，意思決定に関連して発生する収益（**関連収益**）と費用（**関連費用**）によって意思決定します。過去の業績ではなく，撤退という意思決定によって将来発生する要素だけを考慮するべきです。

また，撤退によって事業の将来の利益（損失）がなくなるだけでなく，撤退のための費用がかかったり，他部門への好影響・悪影響があったりします。

たとえば，他部門と共通する仕入先があり，ボリューム・ディスカウントを享受している場合，撤退によって仕入れ量が減ってボリューム・ディスカウントがなくなってしまうことがあります。当該事業がなくなることによる直接的な影響だけでなく，こうした派生的な影響も考慮する必要があります。

**図表7-6　撤退のメリット・デメリット**

【撤退のメリット】

| | |
|---|---|
| ① 事業売却収入 | 事業の売却，清算による資産売却の収入 |
| ② (CFがマイナスの事業から撤退する場合）キャッシュアウトフローの現在価値 | 撤退事業の今後のCFがマイナスである場合，撤退によって現金流出がなくなる。将来のキャッシュアウトフローを適正な資本コストで現在価値に引き直す。 |
| ③ 残された事業へのプラス影響 | 不採算事業がなくなることで企業イメージが上がったり，経営資源の集中投入によるメリットが得られたりする。このプラス影響によるCF増加分を現在価値に引き直す。 |

【撤退のデメリット】

| | |
|---|---|
| ④ 撤退費用 | 撤退に伴い直接・間接に発生する費用。設備の撤去費用，従業員退職金の割増し部分，契約解除の違約金など |
| ⑤ (CFがプラスの事業から撤退する場合）キャッシュインフローの現在価値 | ②とは逆に撤退する事業の今後のCFがプラスの場合，撤退によって現金流入がなくなる。将来のキャッシュインフローを適正な資本コストで現在価値に引き直す。 |
| ⑥ 残された事業へのマイナス影響 | 共通する顧客にセットを条件に販売している場合，共通する仕入先から大量仕入れによる値引きを享受している場合などは，撤退によって残された事業部門のCFが減少する。この減少分を現在価値に引き直す。 |

つまり，**図表7-6**のように幅広く撤退のメリット・デメリットを確認し，定量化し，以下のように意思決定します。

撤退のメリット　>　撤退のデメリット　→　撤退する
撤退のメリット　<　撤退のデメリット　→　撤退しない

ただし，撤退というのは，以上のような定量的な分析だけで決定できるわけではありません。赤字事業で，撤退したほうが企業価値が上がるという場合でも，自社の将来のビジョン実現のために不可欠な事業であるなら，撤退しないと判断することも考えられます。定量的な分析は重要ですが，１つの要因であって，ビジョンとの整合性など定性的な要因も勘案して総合的に判断する必要があります。

撤退基準といっても，ほとんどの企業は，それを機械的に当てはめて撤退を判断しているわけではありません。撤退基準を参照しつつ，それに定性的な要因を加味して判断します。

撤退基準を持てば，中期経営計画や年度予算の策定時など，半ば強制的に事業をモニタリングすることになります。事業ドメインや事業ポートフォリオのあり方を考えるきっかけとして，撤退基準が大きな役割を果たします。大切なのは，撤退基準の中身もさることながら，撤退基準を持つことなのです。

### チェックポイント

1. 自社では，中期経営計画・年度予算・月次予算についてPDCAを回す仕組みができているでしょうか。
2. 自社や自部門の売上高について，予算や前年との数量差異と価格差異を計算し，売上高が増加あるいは減少した原因を分析してください。
3. 自社では，どのような経営指標に基づいて経営管理をしているでしょうか。同業他社も調べてください。
4. バランスト・スコアカードを導入しているでしょうか。導入しているなら，適切に運用できているでしょうか。導入していないなら，導入への障害を確認してください。
5. 事業の撤退基準はあるでしょうか。どういう基準でしょうか。
6. 過去に事業撤退した例を１つ取り上げて，意思決定や進め方にどのような問題があったかを分析してください。

## ケース演習⑥　食品スーパーの業績評価

食品スーパーの光洋（仮名）は，Ｔ県内に20店舗を展開しています。各店には，「青果」「精肉」「鮮魚」「日配」「加工食品」「菓子」「惣菜」「家庭用品」という部門があります。

光洋は，近年，郊外に積極的に大型店舗を出店し，業績を伸ばしてきました。しかし，郊外では他店との価格競争が激しく，車で来店してまとめ買いをする利用客が多いことから，鮮魚・惣菜部門などの収益が悪化しています。

光洋の部門別データは，以下のとおりです。

| | 青果 | 精肉 | 鮮魚 | 日配 | 加工食品 | 菓子 | 惣菜 | 家庭用品 | 合計 |
|---|---|---|---|---|---|---|---|---|---|
| ①売上高 | 2,641 | 4,410 | 2,846 | 1,144 | 5,699 | 2,901 | 1,142 | 3,719 | 24,502 |
| ②変動費 | 1,297 | 2,403 | 1,766 | 731 | 3,180 | 1,822 | 533 | 2,548 | 14,280 |
| ③固定費（統制可能） | 712 | 1,193 | 909 | 429 | 1,123 | 511 | 555 | 518 | 5,950 |
| ④固定費（統制不能） | 321 | 600 | 449 | 223 | 601 | 340 | 442 | 463 | 3,439 |
| ⑤売上総利益 | 702 | 1,239 | 601 | 421 | 1,032 | 567 | 591 | 727 | 5,880 |
| ⑥営業利益 | 311 | 214 | ▲278 | ▲239 | 795 | 228 | ▲388 | 190 | 833 |
| ⑦来客数（１店１日当たり） | 350 | 954 | 399 | 287 | 969 | 760 | 156 | 540 | 1,229 |
| ⑧買上げ点数（客１人当たり） | 4.2 | 2.2 | 2.4 | 3.5 | 3.7 | 3.1 | 3.4 | 3.0 | 9.2 |
| ⑨一品単価 | 352 | 411 | 581 | 223 | 311 | 241 | 421 | 449 | 424 |
| ⑩廃棄額・ロス | 92 | 45 | 121 | 32 | 13 | 24 | 94 | 11 | 432 |
| ⑪値引き額 | 12 | 42 | 35 | 21 | 19 | 34 | 151 | 10 | 324 |
| ⑫在庫額 | 33 | 51 | 23 | 109 | 313 | 283 | 9 | 456 | 1,277 |
| ⑬人員数 | 99 | 87 | 93 | 82 | 55 | 48 | 75 | 79 | 618 |
| ⑭床面積 | 3,348 | 3,393 | 3,548 | 1,774 | 4,410 | 3,111 | 1,844 | 4,845 | 26,273 |

（注）単位：①～⑥と⑩～⑫は百万円，⑨は円，⑭は㎡
⑥～⑧の合計は，各部門の合計とは一致しない（利用者は複数部門で購買するため）
⑬は役員・仕入部門・管理部門の56名を除く

光洋の経営陣は，各部門の業績を適切な指標で評価したいと考えています。どのような評価基準を設定するべきかを提案してください。

☞ 解説はp.188

# 第8章 企業価値を高める

本章のポイント　本書の最後に，ファイナンスの重要課題について考えましょう。最適な資本構成は存在するのか，企業価値をどう考えるか，M&Aで企業価値を高めるにはどうするべきか，配当政策は企業価値に影響を与えるのか，といった論点です。

## 1 資金調達と企業価値

### MM命題

私たちは，企業価値を高めることを目的に事業活動に取り組んでいます。本書の最後に，この章では，企業価値と関係する重要事項を確認しましょう。

1つ目は，資金調達の方法と企業価値の関係です。資金調達については第4章で紹介したとおり，大きくは自己資本による調達と負債による調達があります。どちらで調達するかによって，企業価値は変わってくるのでしょうか。

古くからあったこの疑問に理論的な回答を示したのが，有名な**MM第1命題**です。MMとは，これを考案したモジリアーニ（Modigliani, F.）とミラー（Miller, M. H.）の頭文字です。

MM第1命題によると，資金調達は企業価値に影響を与えない，企業価値を最大化するような最適な資本構成（調達における自己資本と負債の構成）は存在しない，という結論になります。

ただし，MM第1命題が成り立つのは「**完全市場**において」という前提があります。完全市場とは，以下のような条件を満たす市場です。

1．取引にコストがかからない。
2．市場参加者は完全な情報を持っている。
3．市場への参入・退出は自由で，多数の市場参加者がいる。
4．税金が存在しない。

MM命題が本当に成り立つのかどうか，簡単な数値例で確認しましょう。

A社とB社があり，ともに1,000億円を調達して10％で運用し営業利益100億円を得るとしましょう。A社は1,000億円全額を自己資本で調達し，B社は500億円を自己資本で，500億円を銀行借入金（負債）で調達したとします。

MM命題の前提どおり税金が存在しないとすると，A社の当期純利益は100億円です。B社の銀行借入金の利率が4％とすると，支払利息が20億円なので，当期純利益は80億円（＝営業利益100億円－支払利息20億円，他の要素がないという前提）です。

**図表8－1　資本構成の違いと企業価値①**

| | A社 | B社 |
|---|---|---|
| ①営業利益 | 100 | 100 |
| ②借入金利息 | 0 | 20 |
| ③当期純利益（＝①－②） | 100 | 80 |
| ④フリーキャッシュフロー（＝②＋③） | 100 | 100 |

ここで，フリーキャッシュフローは，A社・B社ともに100億円です。フリーキャッシュフローは株主や銀行に分配する前の段階のものなので，A社・B社に違いはありません。企業価値は，フリーキャッシュフローの現在価値で決まります。

p.16やp.83では，自己資本コストのほうが負債コストよりも高いと説明しましたが，投資家が完全な情報を持つ完全市場ではリスクや取引コストが存在しないので，負債と自己資本の調達コストは変わりません。A社・B社の資本コストは変わらないということになります。

よって，A社とB社では，フリーキャッシュフローも資本コストも同じなので，企業価値も同じということになります。

完全市場の前提の下では，言われてみれば「当然でしょ」という話ですが，モジリアーニとミラーが1958年にMM命題を発表するまで，誰もこのことに気づかなかったのです。

### ❖ タックスシールド

ただし，実際にはMM第1命題の前提となる1．～4．の完全市場の条件は非現実的です。完全市場ではない現実の世界では，MM第1命題はどうなるのでしょうか。

仮に法人税率が40%だとすると，先ほどの数値例は，**図表8-2**のように変わります。

**図表8-2　資本構成の違いと企業価値②**

| | A社 | B社 |
|---|---|---|
| ①営業利益 | 100 | 100 |
| ②借入金利息 | 0 | 20 |
| ③税金等調整前利益（=①−②） | 100 | 80 |
| ④法人税（=③×40%） | 40 | 32 |
| ⑤当期純利益（=③−④） | 60 | 48 |
| ⑥フリーキャッシュフロー（=②+⑤） | 60 | 68 |

100%株主資本で資金調達したA社よりも，負債を利用したB社のほうがフリーキャッシュフローが8億円大きくなっています。したがって，B社のほうが企業価値が大きくなります。

これは，借入金利息は法人税を計算するうえで損金に算入されるので，法人税を減らす効果があるからです。こうした節税効果のことを**タックスシールド**（tax shield）と呼びます。

タックスシールド＝借入金利息20億円×法人税率40％＝８億円

つまり，税金のある現実の世界では，節税効果のある負債を使うことによって企業価値が高まるのです。

### ❖ 破たんリスクと最適資本構成

では，負債を増やせば増やすほど企業価値が高まるのでしょうか。負債100％（自己資本０％）で資金調達するのが最適資本構成でしょうか。そうではありません。

負債は事業の状況などに関係なく債権者に返済しなければなりません。負債を増やす（＝財務レバレッジを高める＝自己資本比率を引き下げる）と，事業の状況が悪化した場合の破たんリスクが高まります。

資金提供者は，破たんのリスクがある投資先にはそのリスクに見合う利回りを要求するはずです。企業から見ると，資本コストが上昇するということです。資本コストが上昇すると，企業価値が減少します。

つまり，安全性に影響を及ぼさない程度の負債の利用は企業価値を高めますが，負債が大きくなりすぎて破たんリスクが意識されるようになると，逆に負

**図表８－３　負債の利用と企業価値**

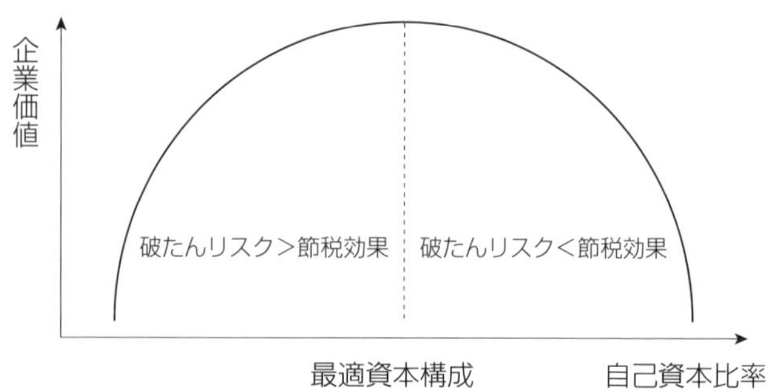

債の利用は企業価値を低下させるのです。

自己資本比率を横軸に，企業価値を縦軸に取ると，**図表8-3**のように，放物線を描きます。

放物線の頂点になるのが，企業価値を最大化する最適資本構成ということになります。自己資本比率あるいは負債比率（＝負債÷総資産）のどのあたりに頂点がくるかは，事業内容や金融環境などによって異なりますが，いずれにせよ，企業価値を最大化する最適資本構成は存在するのです。

ということで，「資金調達は企業価値に影響を与えない，企業価値を最大化するような最適資本構成は存在しない」というMM第１命題は，理論的には正しいものの，前提が現実的ではなく間違っている，実際には最適資本構成は存在する，という結論になります。

## 2　M&Aと企業価値

### ❖M&Aの目的と方法

企業価値と関連した２つ目の検討事項は，最近日本企業にとって大きな課題となっているM&Aです。

**M&A**（Merger and Acquisition）とは，組織再編成，新分野進出，撤退，競争力強化などの目的で，企業・事業を合併・買収（売却）することです。**図表8-4**のようにさまざまな種類があります。

図表8-4　M&Aの体系

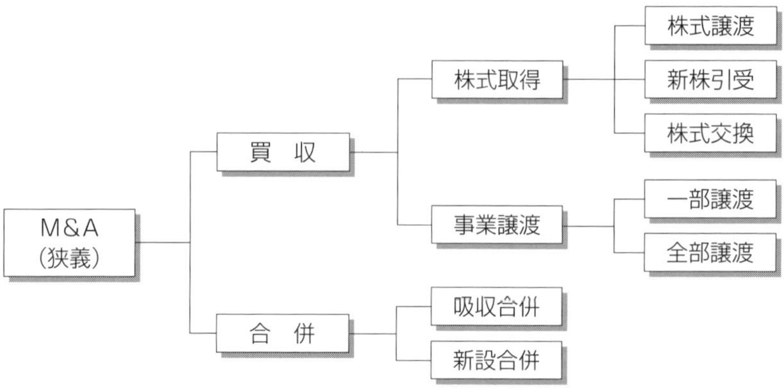


なお，業務提携などを含めて広義のM&Aとする場合があります。

### M&Aにおける企業価値評価

M&Aでは，企業あるいは事業の価値を評価します。

企業価値を評価するには，コストアプローチ，インカムアプローチ，マーケットアプローチという3つのアプローチがあります。

① コストアプローチ（Cost Approach）

企業が保有する資産の価額に着目するアプローチで，純資産価額方式などがあります。以下の計算式のように，貸借対照表の資産と負債を時価評価して，自己資本の価値を算定します。

自己資本の価値＝時価資産－時価負債

ここで，時価資産は，土地や投資有価証券など含み益があるものを市場価格で時価評価します。

このアプローチはロジックが直感的にわかりやすいこと，計算が容易であること，などがメリットです。ただ，理論的に正しい方法ではなく，国際的にはあまり使用されていません。

② インカムアプローチ（Income Approach）

企業が生み出す利益やキャッシュフローに着目するアプローチで，DCF法などがあります。

自己資本の価値＝事業が将来生み出すキャッシュフローの現在価値
－時価負債

このアプローチは理論的には最も正しいですが，将来のキャッシュフローの見積りや資本コストの推計が困難で，恣意的になりやすく，計算結果に大きな幅が出やすいことが問題です。

③ マーケットアプローチ（Market Approach）

同業の上場企業の財務状況と比較して自己資本の価値を推計するアプローチで，類似会社比準方式などがあります。

比較するのは純資産，利益，配当などです。

日本では，昔購入した土地などの含み益があるので資産価値は高い一方，保有資産を有効活用して高収益を上げている企業は少ない傾向があります。したがって，一般的には評価額は①コストアプローチが最も高く，②インカムアプローチが最も低く出る傾向があります。

非上場企業では，①コストアプローチによる評価が多いようです。上場企業では，②インカムアプローチが主流になっています。ただ，実際のM&Aでは，３つの方法で計算して，ミックスするようなやり方が多いようです。

### ❖M&Aと企業価値

問題は，M&Aが企業価値とどう関係するのかという点です。

理論的に言うと，M&Aそのものは，企業価値に対して中立だと言えるでしょう。つまり，株式時価総額100億円のＡ社が時価総額100億円のＢ社と合併したら（あるいは100%買収して子会社化したら），時価総額200億円のＡＢ社が誕生するだけです。巨大企業が出現しますが，株主から見た価値は増えも減りもしません。適正な価格でM&Aを実施する場合，M&Aは損も得もない話です。

M&Aが企業価値をもたらすのは，合併後のＡＢ社においてシナジー効果が現れる場合です。**シナジー効果**とは，複数の事業を一体で運営する場合に，経営資源の共用によるコスト削減など単独で事業展開する場合よりも大きな価値を生み出すことを言います。たとえば，ＡＢ社が合併によって間接人員を大幅に削減することができ，収益改善で時価総額が250億円になったなら，50億円（＝250億円－200億円）のシナジー効果があり，M&Aが企業価値を高めたと言えます。

しかし，実際には，シナジー効果で企業価値を増やすどころか，逆に150億円に減らす場合があります。マイナスシナジーであったわけです。M&Aによって企業価値が増えるのか，減るのかは，多くの実証研究があり，決着を見たわけではありませんが，過半数（５～７割）のM&Aは企業価値を減らす，失敗に終わるという結論の研究が多いようです。

企業価値を増やすためにM&Aをするはずなのに，どうしてそういう意図せざる結果を招いてしまうのでしょうか。

１つは，適正な評価額よりも高値で買収してしまうことです。たとえば，時価総額100億円のＡ社が適正価額が100億円のＢ社株を150億円で買収すると，50億円余計にＢ社株主に現金が流出するので，その分，企業価値が減り，ＡＢ社の時価総額は150億円になってしまいます。

もう１つは，シナジー効果などM&Aの効果を出すためにコストがかかってしまうことです。金融機関の合併でITシステムの統合に多大なコストがかかったのは，有名な事例です。他にも，組織文化の違いなど，思わぬ障害が企業価値の増加を妨げます。

シナジー効果というメリットは事前に計算しやすいですが，統合効果を実現するためのコストは事前には見えにくいというのが，経営者が楽観的なM&Aに踏み切って失敗してしまう大きな理由です。

### ❖ 統合効果を実現しやすい企業，しにくい企業

では，M&Aで企業価値を高めるには，どうすれば良いのでしょうか。次の３点が重要です。

第１のポイントは，統合効果を出しやすい相手を選ぶことです。

M&Aは，どのような場合でも同じ効果が得られるわけではありません。M&Aによる統合効果が出やすい相手企業と出にくい相手企業があります。

統合効果が出ないというのは，事業構造・システム・組織風土などが大きく異なり，調整コストが大きくなってしまう場合です。大きく異なる２社が融合することで，イノベーションが生まれる可能性があります。しかし，実際には後ほど触れる統合作業（PMI）に多大な労力を使い，イノベーションどころではなくなってしまう場合が多いようです。

逆に，統合効果が出やすい企業は，事業構造・システム・組織風土などが似通っている企業です。

また，メガバンクの経営統合などを見ると，企業規模や経営体力が大きく異なり，どちらが主導権を握るのかはっきりしているほうが統合作業をスムーズに進めやすいようです。

### ❖ 高値づかみをしない

第２の条件は，高値づかみをしないことです。

先ほど紹介したように，適正な評価額を超える高値で買収をしてしまうことがたびたびあります。成長意欲の強い経営者は，売上高など企業規模を拡大するために，M&Aに前のめりになります。こうした「何としても買いたい」という心理状態になると，買収後のシナジー効果を過大に見込んで高値で買収してしまうのです。

こうした間違いを防ぐには，事前の事業価値の評価を慎重に行い，高値づか

みをしないようにする必要があります。買収時に買収先に対して行う監査のことを**デューデリジェンス**（due diligence）と言います。信頼できる第三者が経営状態・財政状態などについてデューデリジェンスを行います。

デューデリジェンスの内容・範囲・深さは事案によってまちまちですが，**図表8-5**のような領域について実施します。

**図表8-5　デューデリジェンス（DD）のスコープ**

| | |
|---|---|
| ビジネス | 事業の将来性の評価。環境DDや法務DDを含む |
| 財　務 | 実質的な資産・負債の評価。不動産DDを含む |
| 税　務 | 税務リスクの評価 |
| 人　事 | 人的資源の能力，人事システム，労使関係など |
| 法　務 | 訴訟リスクの評価 |
| I　T | ITシステム，ITガバナンスの評価 |

なお，高値づかみとは逆に，何らかの事情で一時的に経営不振に陥り，適正価格を下回る市場価格になった企業を“底値買い”すると，企業価値を高めるのが容易になります。

日本電産は，永守重信社長（現・会長）が1973年に創業し，数々のM&Aを成功させて約半世紀で売上高1兆6,180億円（2021年3月期）の企業グループに成長しています。永守社長は，経営が困難になって日本電産に支援を求めてくる企業が現れるのを待って仕掛けることが，M&A成功の秘訣だとかつて語っています。

ただし，経営不振の企業は，資産内容が劣化していたり，経営者に問題があったりして，安いが中身もない，リスクが大きい，という場合が多くなります。M&Aを成功させるには，経営者の問題などによって一時的に経営不振であるものの，人材・技術など経営資源には光るものがある，という企業に的を絞ることがポイントです。

### ❖PMI

第3のポイントは，**PMI**（Post-Merger Integration）にしっかり取り組むことです。M&Aを実施した後の統合効果を実現するための作業のことをPMIと言います。

PMIは，会計・ファイナンスというよりはマネジメント・組織管理の課題ですが，PMIを適切に実行できるかどうかが，M&Aの成否を大きく左右します。

PMIでは，ビジョン・戦略から始まって，組織やオペレーション，意思決定プロセスや組織文化などについて，スピーディに経営統合を進めます。

「対等合併」を重視する日本では，2社がよく話し合ってお互いの良いところを残していこう，という進め方をするところがあります。しかし，こういう民主的なやり方は失敗に終わる可能性が高いようです。

お互いに自分のビジネスプロセスが最良だと思っているので，話合いはなかなか進まず，結局「人事制度はA社に合わせたから，会計制度はB社にしよう」などという妥協に陥りがちです。そうではなく，多少の間違いには目をつむって，主導権を握った企業がやや強引なくらいスピーディに進めたほうがうまくいくようです。

## 3　配当政策のあり方

### ❖配当政策をめぐる動き

企業価値に関連する重要な検討事項として3つ目に検討するのは，配当政策です。

企業は事業活動の最終成果である当期純利益を株主に配当するか，配当せず内部留保とします。配当するか，内部留保とするかという選択のことを**配当政策**と言います。

日本では，つい最近まで，当初の1株当たり出資額である額面を意識した配当率による低位安定配当が伝統でした。

$$配当率 = \frac{配当額}{自己資本}$$

日本では，額面を基準に「50円額面の１割で５円配当」などとすることがよく行われていました（2001年の商法改正で，額面という考え方はなくなりました）。

株価が500円に上昇しても５円配当を維持すると，配当利回りは「１割」ではなく，１％（＝５÷500）という低い水準になります。

$$配当利回り = \frac{1株当たり配当}{株価}$$

「日本企業は，配当利回りこそ低いが，株価が上昇しているから，株主にはトータルで十分に報いているではないか」ということがよく言われました。

しかし1990年代以降，日本企業の株価が低迷すると，それを補うために，増配，いわゆる株主配分を求める株主の声が強まっています。そのため，配当性向を一定にする，たとえば「30％程度にする」という方針を示す企業が増えています。

$$配当性向 = \frac{配当}{当期純利益}$$

### ❖ 配当無関連説

このように，近年大きく揺れ動き，注目を集める配当政策ですが，実際のところ，配当政策のあり方は企業価値に影響を与えるのでしょうか。あるいは，最適な配当政策は存在するのでしょうか。

理論的な結論は，完全市場の元では配当政策は企業価値に影響を与えない（どうでもよい），というものです。

先ほどの資金調達と同じくモジリアーニとミラーが明らかにしたので，ＭＭ

**第２命題**，または**配当無関連説**と言われます。

株主の立場からすると，配当で企業からお金が入ってくると，お金持ちになったようで嬉しくなります。ただ，考えてみると，自己資本は株主の所有物ですから，内部留保したお金も，株主のものです。配当は株主の元に，内部留保は企業の元に資金を置くわけですが，結局置き場所が変わるだけで，株主のものであることは変わりません。したがって，税金や取引コストが存在しない完全市場では，配当は株主にとって損も得もない話ということになります。

### ❖成長企業は無配が合理的

では，完全市場ではない現実の世界ではどうでしょうか。

日本では，株主は配当収入に対して所得税が課されます（企業が法人税を支払った後の当期純利益から配当を支払うので，配当への課税は二重課税だという強い批判があります）。また，配当が入ってきても利息ゼロの銀行預金にして遊ばせておくわけにはいかないので，株主は新たな投資先を探さなくてはなりません。このように，経済合理的に考えると，配当は株主にとってあまりありがたくないのです。

成長が止まって投資機会のない成熟企業の場合，配当を減らし内部留保を増やすと，自己資本が大きくなりすぎて，企業価値を高めるのが難しくなります。したがって，配当を増やすのが合理的と言えます。

一方，成長を続けている企業の場合，投資機会が多いので，自己資本を増強する必要があります。株主にいったん配当を支払って，必要な資本をまた株主から調達するというのは，ずいぶん面倒な話です。それよりは，内部留保を優先し，株価上昇で株主に報いたほうが，税務面でも効率的です。

ということで，税金や取引コストが存在する現実の世界では，MM第２命題（配当無関連説）も，無条件に配当を喜ぶ株主も間違っています。成熟企業は配当をするべき，成長企業は配当をするべきでない，というのが配当政策の原則と言えるでしょう。

実際に，昔のマクドナルドやマイクロソフトなど多くのアメリカ企業は，急成長を続けた初期の数十年間は無配を続け，成長が止まったら配当を開始しています。

### ❖ シグナリング仮説

これに対して，配当政策には意味があるとする有力な考え方が，**シグナリング仮説**です。

投資家は，経営者ほど企業に関する情報を入手できないので（情報の非対称性と言います），収益動向の予想では経営者に劣ります。一方，経営者は，減配すると投資家から強い非難を浴びるので，業績が悪化しても，配当水準を可能な限り現状維持するよう迫られます。つまり，増配する場合，経営者は投資家に対して，その配当水準の長期的な維持と，それを可能にする利益水準の確保をコミットメント（確約）したことになるのです。

したがって，投資家は増配を「将来の収益拡大トレンドに自信あり」という経営者の情報発信（シグナリング）と受けとめ，株式を購入するので，株価が上昇します。逆に，明確な理由がない減配は，企業収益が悪化傾向にあり，配当水準の現状維持すら困難であることを経営者が表明したと解され，株価下落をもたらします。

このように，配当政策の変更は，将来の収益トレンドに関する経営者からのシグナリングと解釈され，株価に影響を与えるのです。

### ❖ 自社株買入れ消却

いわゆる株主還元策として増配とともに近年注目を集めているのが，**自社株買入れ消却**です。自社株買入れ償却とは，企業が流通市場に出回っている自社の株式を購入し，株式を消滅させるという行為です。

自社株買入れ消却はどういう経済的な意味があるのでしょうか。

たとえば，発行済株式数100万株の企業が10％に当たる10万株の自社株を株価1,000円で市場から買い入れて，消却したとしましょう。これによって，企業の「現預金」（資産）と「その他資本剰余金」（株主資本）が同じ10億円ずつ減り，発行済株式数も10万株減って90万株になります。

発行済株式数が減ると，１株当たりの価値が上がるので，「株価が上昇するのでは」と思うかもしれません。しかし，株主資本も10億円減るので，理論的には株価は変わりません。

つまり，自社株買入れ消却は，配当と実質的に同じで，経済効果は存在しないということになります。

ただし，配当と同じように，自社株買入れ消却には，シグナリング効果があります。経営者が自社株買入れを実施するのは，「自社の株価は実態よりも低く市場で評価されている」というシグナルを市場に発信していることになります。

### ❖結局，大切なのは貸借対照表の左側

完全市場における純粋な理論としてはともかく，現実の世界では，MM第１命題・第２命題とも間違いでした。「これで，よくノーベル賞を獲れたな」という声が聞こえてきそうです（モジリアーニとミラーは，ともにノーベル経済学賞を受賞）。

とはいえ，MM命題は，私たちにファイナンスの重要な原理を教えています。それは，企業価値を決めるのは貸借対照表の右側の資金調達や配当など成果配分ではなく，左側の資産への運用だということです。

ここまで確認したように，資金調達や配当政策は現実の世界では企業価値に影響を与えます。しかし，かつて世界市場を席巻した日本の電機メーカー各社が凋落したのは，資金調達や配当政策が間違っていたからでしょうか。かつて海外展開で日産やホンダにおくれをとり「内弁慶」と言われたトヨタがグローバル企業に躍進したのは，資金調達や配当政策が優れていたからでしょうか。

そうではないでしょう。日本企業の資金調達や配当政策に問題がないわけではありませんが，より重大な問題は，左側の資産を使った事業の収益性と成長性が諸外国の企業と比べて著しく低いことです。

極論すると，資金調達はサッカー選手が試合前にするウォーミングアップ，

配当政策は試合後のクーリングダウンです。大切と言えばそのとおりですが，より重要なのはサッカーの試合のほうでしょう。

資金調達や配当政策に関心が高まるのは結構なことですが，それによって本質を見失うことはないようにしたいものです。

## 4 コーポレートガバナンスとIR

### コーポレートガバナンスとは

企業価値と関係する最後の検討事項は，コーポレートガバナンスです。

株式投資のグローバル化に伴い，東京証券取引所の上場企業における外国人株主の比率が約30％に達し（2021年３月末で30.2％），外国人株主の意向が企業経営に強く影響を与えるようになっています。そうした背景の下，近年問題になっているのが，**コーポレートガバナンス**（corporate governance：企業統治）です。

日本企業では，1990年代後半以降コーポレートガバナンスという用語が使われるようになりました。近年は，環境：Environment・社会：Societyと合わせてESGという用語がよく使われています。よく，不祥事が起こると，コンプライアンス（compliance：法令遵守）との関連で「経営者は襟を正せ」という文脈でコーポレートガバナンスが語られるようです。

欧米でのコーポレートガバナンスの本来の意味は，所有と経営が分離している上場企業において，「経営者を株主価値向上に向けていかに規律付けるか」ということです。経営者は時として株主価値向上に反する行動を取ることがあり，それをどう監視するかが課題になっています。

### 日本型ガバナンスの特徴

では，どのようにサラリーマン社長を株主価値向上のために規律付ければ良いのでしょうか。

戦後，日本企業では，欧米企業とはかなり異なるガバナンス体制が続きまし

Column コラム

### コーポレートガバナンスは，古くて新しい課題

日本で「コーポレートガバナンス」という用語が使われるようになったのは2000年以降ですが，アメリカでは1960年代に遡ります。

ただ，議論の源流はさらに古く，バーリとミーンズが1932年（！）に発表した『近代株式会社と私有財産』のなかで，「経営者支配」というガバナンスの問題を提起しています。以下のような議論です。

企業が発展し大規模化すると，事業運営に巨額の資本が必要になります。巨額の資本を個人のオーナーから調達するのは難しいので，企業は株式を公開し，広く資本を集めるようになります。すると，資金力のある機関投資家が大株主になり，しかも筆頭株主でも10%足らずしか持たない状態，いわゆる「所有の分散」が進みます。

企業の資本が小規模な段階では，大株主である創業者やその同族メンバーが経営者を務めることが多いですが（オーナー社長），所有の分散が進んで彼らの持ち分が低下すると，オーナー社長である理由がなくなり，経営管理の専門知識を持つ専門経営者を雇うようになります（サラリーマン社長）。株主と経営者が別になることを「所有と経営の分離」と言います。

この状況で，機関投資家など株主は，それぞれ小さな持ち分しか持たないので，経営に関与するのが難しくなります。企業の業績が悪化したとき，経営者に経営改革を迫ったり，経営者を交代させようとしたりしても，なかなか他の株主と結託できないからです。サラリーマン経営者は，株主からの圧力を受けず，事実上会社を自由に支配する存在となります。これが「経営者支配」という状況です。「経営者支配」の状況では，株主によるチェック機能が働かず，非効率な経営が放置されやすいという問題が生じるのです。

つまり，ガバナンスとは，「所有と経営の分離」によって生まれた「経営者支配」の状況で，経営者に株主価値向上という本来の役割を果たしてもらうよう，どのように経営者を規律付けるか，というのがもともとのテーマなのです。

それにしても，いま日本で熱心に論じられているテーマがすでに90年前に問題提起されていたとは，アメリカの資本主義の伝統を思い知らされます。

た。株主が中心となってガバナンスを担っている欧米企業と違い，多元的な主体が分担してガバナンスを担う体制です。

第1の主体は，メインバンクです。資本の蓄積が不足していた日本では，戦後，間接金融が主体でした。メインバンクは，融資取引を通して企業と日常的に接触し，経営を監視していました。

第2の主体は，監督官庁です。日本では，中央官庁の権限が絶大で，行政指導を通して管下の企業の経営を監視していました。

第3の主体は，労働組合です。戦後，労働組合が普及し，経営側は労使協調路線をとったことから，労働組合が団体交渉などの場を通して経営監視を担うようになりました。

ドイツ企業には労働者の代表が経営に関与する仕組みがありますが，日本の多元的なガバナンスは世界的に見て特異な存在でした。

### ❖ 日本型ガバナンスの崩壊と改革

1990年代以降，こうした日本型ガバナンスが大きく変化しています。

銀行は，不良債権処理に追われて体力を失い，取引先の監視どころではなくなりました。中央官庁は，規制緩和・小さな政府の流れを受けて監督権限を失い，管轄する企業と距離を置くようになりました。組合は，組織率が20%を切るまで弱体化し，経営陣に対する発言力を失いました。

こうして日本型ガバナンスが弱体化し，ガバナンス不在という状態になったところに，あるいはそういう状態になったことが原因で，1990年代半ば以降，総会屋への利益供与事件，不正経理事件，食品安全衛生問題といった不祥事が相次ぎました。そのことから，コンプライアンスと関連付ける形でガバナンスの強化が叫ばれるようになりました。

2006年施行の会社法では，以下のようなガバナンス向上のための措置が講じられています。

①すべての大会社に対し，内部統制システムの一環である業務の適正を確保

するための体制の構築の基本方針を決定することを義務付ける。

②株主総会における取締役の解任決議要件を特別決議から普通決議に緩和する。

③主に中小企業で利用されることを想定した会計参与制度を新設する。

東京証券取引所は，2014年から上場企業に社外取締役の選任を義務付けています。現在，外部の視点を取り入れて経営に規律を与えようという改革が進められています。

なお，ガバナンスと混同されやすい類似概念に**内部統制**があります。不祥事の多発を受けて，2006年に**金融商品取引法**において，財務報告の信頼性向上を目的として，業務の適正を確保する仕組みの構築と運用に関する報告書を作成し，監査を受けて提出する制度が導入されました（上場企業が対象）。こうした仕組みのことを内部統制と言います（金融商品取引法の関連部分は「J-Sox法」と呼ばれています）。

ただ，内部統制は，読んで字のごとく，あくまで経営者の立場から従業員など社内をどう統制するかという対策を講じるものです。それに対し，ガバナンスは株主の立場から経営者をどう統制するかを扱います。両者は守備範囲が違うと言えます。

もちろん，ガバナンスと内部統制はまったく無関係というわけではありません。良いガバナンスを行う基盤として，社内にしっかりとした内部統制の仕組みがあることは不可欠だとされます。

### ❖ IRとは何か

最後に，ガバナンスとの関係で，近年経営者にとって重要な責務となっているIRについて紹介しましょう。

**IR**（Investor Relations）とは，「投資家向け広報」と訳されるように，投資家のために企業が行う広報活動です。よく，一般社会やマスコミ向けの広報であるPR（Public Relations）や従業員向けの広報であるER（Employee Relations）

と対比されます。

IRが何なのかという点についてはいろいろな解釈・主張がありますが，全米IR協会（NIRI）は，次のように定義しています。

「IRは，企業の証券が公正な価値評価を受けることを最終目標としており，企業と金融コミュニティやその他ステークホルダーとの間に効果的な双方的コミュニケーションを実現するため，財務活動やコミュニケーション，マーケティング，さらに，証券関係法規でのコンプライアンス活動を統合した，戦略的な経営の責務である」

この定義によると，株主・投資家から「公正な価値評価を受けること」がIRを行う目的です。

企業では，経理・会計部門が法律や上場規則にしたがって財務諸表を作成・公開しています（こうした経理・会計部門の活動を「制度会計」と言います）。また，広報部門などが企業の活動をPRしています。こうした情報によって投資家が適切な投資判断をできれば良いのですが，現実には，激変する事業環境の中で複雑・高度な事業を展開している企業の実態を財務諸表やPR情報だけで把握することはできません。

十分な情報を持たないと，投資家は企業の価値を過大あるいは過小に評価してしまいます。すると，投資家の期待収益率に対する収益の振れ幅，つまりリスクが大きくなります。リスクが大きい投資先には投資家は高い利回りを求めるので（ハイリスク・ハイリターン），企業から見ると，資本コストが上昇することになります。

逆に，IRによって企業が投資家に情報を提供すると，投資家のリスクは低減します。リスクが減ると，投資家の期待利回り＝企業の調達コストが下がり，企業価値を高めることができます。IRは資本コストの低減を通じて，企業価値を高める効果があるのです。

また，p.90で紹介したとおり，企業，とくに上場企業は投資家から監視・助言を受けることによって，規律ある経営をすることができます。経営者が不適切な経営をしたら投資家が株を売却するので，株価が下がり，否応なしに規律が働く，という考え方を**ウォール・ストリート・ルール**（Wall Street rule）と言います。

ウォール・ストリート・ルールが伝統的なガバナンスの基本でしたが，投資家はIRでの対話を通してより直接的に経営者を規律付けることができます。経営者から見ると，ウォール・ストリート・ルールでは経営のどこが不満なのか認識できませんが，IRによって投資家から具体的な指摘を受けることができます。こうした投資家の声を吸い上げて経営に生かしていくのも，IRの重要な役割であると言えます。

### ❖ IR部門の活動

では，実際にIR部門はどのような活動をしているのでしょうか。

IR部門は，投資家の「企業をより正確に，より深く知りたい」というニーズに応えるために，以下のようなさまざまな方法で，投資家に情報を提供しています。

① ニュースリリース
② Annual ReportやFact bookなど開示資料の提供
③ 決算説明会
④ 会社説明会
⑤ アナリスト面談
⑥ 事業所見学会

この中で，投資家がとりわけ重視しているのが⑤アナリスト面談です。巨額の資金を運用する機関投資家には，投資対象を分析するアナリストがおり，そのアナリストがIR部門の担当者などと面談をします。経営方針，事業の競争力，成長性など株価に影響を与える要因をヒアリングします。

なかでもアナリストが重視しているのが経営者との面談です。たいていの企業の浮沈は，経営者によって決まります。優れた経営者によって急速に発展する企業もあれば，凡庸な経営者によって伝統ある企業でもアッという間に衰退してしまうことがあります。したがって，経営者が高度な戦略思考・リーダーシップを備えた優れた人物かどうかが，投資家にとって最も関心ある重要情報でしょう。

面談で経営者から直接，経営方針や戦略を聞くというのは，内容もさることながら，人柄・資質・経営姿勢など経営者自身について多くの情報が得られます。経営者がビジョン・経営方針・戦略などを自分の言葉で語るのが，最も効果的です。

先ほど，IRを「経営者にとって重要な責務」と指摘したのは，こうした理由によるものです。

### チェックポイント

1. 自社では，最適資本構成の目標は存在するでしょうか。その目標は，負債の利用による資本コストの低減と倒産リスクの両面を勘案しているでしょうか。
2. 自社の配当政策を確認してください。安定配当をしている場合，その正しさを株主にどう説明するべきか考えてみてください。
3. 日本では従来，メインバンク・監督官庁・労働組合がコーポレートガバナンスを担ってきましたが，自社で中心的な役割を果たしているのはどの主体でしょうか。
4. コーポレートガバナンスについて，経営陣はどのような考えを持っているでしょうか。どのような制度的対応をしているでしょうか。
5. コーポレートガバナンスと内部統制の違いについて，どこまで社内で理解されているでしょうか。
6. IRについて，どのような活動をしているでしょうか。経営トップを中心とした活動ができているでしょうか。

## ケース演習⑦　海外投資家からの増配要求

森川電機（仮名）は，準大手の電子部品メーカーです。スマホなどの部品を扱っており，売上高・利益ともに増加基調です。とくに，海外の電機メーカーに森川電機の製品は好評で，海外売上高比率は65%に達しています。今後も，グローバル展開が加速することが予想されています。

直近決算の売上高は3,200億円，当期純利益は210億円でした。貸借対照表の要旨は，以下のとおりです。

（単位：億円）

| | | | |
|---|---:|---|---:|
| 流動資産 | 1,220 | 流動負債 | 1,290 |
| （現預金） | 320 | 固定負債 | 430 |
| 固定資産 | 1,430 | 純資産の部 | 930 |
| 資産合計 | 2,650 | 負債・純資産合計 | 2,650 |

EPS（earnings per share：1株当たり当期純利益）は50円で，配当は1株当たり5円，配当性向は10%です（＝5÷50）。

先日，IR部が投資家向け会社説明会を開催しました。席上，参加した海外のある機関投資家のアナリストから，「配当が他の日本企業に比べて低水準だが，増配する考えはないのか？」という質問を受けました。

質問に対し，IR担当常務が「当社は伝統的に安定配当を基本としており，今後も業績が厳しいときも安定配当を続けることで株主に報いたいと思います」と回答し，それ以上のやり取りはありませんでした。

ただ，出席した株主・投資家に十分な理解を得られなかったようなので，森川電機の経営陣は，改めて配当政策について検討することにしました。森川電機にとって適切な配当政策はどのようなものでしょうか。

☞解説はp.188

# ケース演習の解説

## 【第2章　①食品卸売業者の財務諸表分析　(p.55)】

財務諸表の趨勢分析に関するケースです。

まず，財務諸表の主要数値の伸び率を計算し，売上高を基準に比較します。売上高は1.46であるのに対し，ほかは次のような伸び率です。

| | | | |
|---|---|---|---|
| 売上総利益 | 1.38 | 販売費・一般管理費 | 1.37 |
| 営業利益 | 1.42 | 当期純利益 | 1.40 |
| 流動資産 | 1.73 | 固定資産 | 1.16 |
| 流動負債 | 1.61 | 固定負債 | 1.55 |
| 純資産の部 | 1.51 | 総資産 | 1.57 |

この数字から，増収増益であるものの，営業利益・当期純利益は低い伸びにとどまり，収益性は低下していることがうかがえます。

続いて，5年前と直前期について主要な経営指標を計算します。計算結果は以下のとおりです。

| | 2017年12月期 | 2022年12月期 |
|---|---|---|
| 売上高総利益率 | 7.3% | 6.9% |
| 売上高営業利益率 | 0.9% | 0.9% |
| ROE | 12.7% | 11.7% |
| ROA | 4.1% | 3.7% |
| 自己資本比率 | 20.0% | 19.3% |
| 流動比率 | 155.7% | 167.7% |
| 固定比率 | 143.4% | 109.7% |

| | 2017年12月期 | 2022年12月期 |
|---|---|---|
| 固定長期適合率（%） | 53.0 | 40.0 |
| 総資産回転率 | 4.4 | 4.1 |
| 売上債権回転日数（日） | 38.9 | 47.0 |
| 棚卸資産回転日数（日） | 8.1 | 11.5 |
| 仕入債務回転日数（日） | 31.8 | 32.1 |
| CCC（日） | 15.2 | 26.4 |
| 1人当たり売上高（百万円） | 261.1 | 247.6 |
| 1人当たり売上総利益（百万円） | 19.1 | 17.1 |
| 1人当たり人件費（百万円） | 9.4 | 9.0 |
| 労働装備率（百万円） | 7.2 | 5.2 |

売上債権回転日数の悪化から，回収条件を緩和したり，リスクの大きい販売先に販売したりしていることがうかがえます。経費の効率は改善していますが，1人当たりの売上高が悪化しています。

以上から，国本物産は，厳しい環境のなかで販売を伸ばすために，やや無理な拡大路線をとっていることが推察されます。

## 【第3章　②理容店チェーンの損益分岐点分析　(p.74)】

損益分岐点分析を使った新ビジネスの検討に関するケースです。

まず，損益分岐点の売上高（月当たり）と来客数（1日当たり）を計算します。

変動費率＝歩合給200円÷売上単価1,000＝0.2

固定費（①～⑤の合計）＝130万円/月

損益分岐点売上高（月）＝130万円÷（1－0.2）＝162.5万円

損益分岐点来客数（日）＝162.5万円÷25日÷1,000＝65人

次に，フルキャパシティに対する損益分岐点来客数の割合が高いと利益を出すのが難しくなるので，確認します。

理容師は1時間に6人の顧客に対応できるので（＝60分÷10分/人）

フルキャパシティ＝4名×8時間×6人＝192人

フルキャパシティに対する損益分岐点来客数の割合は，65人÷192人＝33.9％

需要は今後調査するとして，席が約3分の1埋まれば利益を上げることができるので，余裕があり，キャパシティ面でビジネスモデルに問題はありません。

このビジネスは変動費率が低く，固定費中心の費用構造です。したがって，販売数量を増やすことが利益アップのための最大の課題です。広告宣伝で知名度を上げる，繁忙時の朝・昼食時・夕方の需要をビジネスパーソンが勤務している午前・午後の閑散時にシフトさせる，といった改善をします。

## 【第4章　③石油会社の資金調達　(p.94)】

資金調達に関するケースです。資金調達方法の選択で最も大切なのは，資金の使途，それに伴うリスクです。2つのプロジェクトを投資に伴うリスクで評価します。

油田開発は一か八かの賭けです。当たれば大きいのですが，当たらなければ100億円単位の資金をどぶに捨てることになります。典型的なハイリスク・ハイリターンの投資であり，「ゴメンなさい」と言わざるを得ない場面を想定する必要があります。

こういうリスク投資に対する資金は，「ゴメンなさい」と言える自己資本で調達します。自己資本は調達コストが高いですが，自己資本を使わず倒産に至った場合のリスクを無視できません。

実際には，増資によって資金調達し，プロジェクト会社を設立して既存事業とリスクを遮断するようにします。内部調達は，リスク吸収という点では良いのですが，まとまった資金が必要なので，中心的に利用することはできません。

一方，備蓄は，原油という実物が在庫として存在します。価格下落のリスクこそあるものの，すべての原油が無価値になることは考えられません。いざとなれば市中で売却すれば資金を回収できるので，非常にリスクが小さいと言えます。

こうしたリスクが小さく，かつ大量の資金を調達する必要がある場合には，銀行借入などコストが低い負債を利用します。実際には，国からの補助がある政府系金融機関からの融資を活用しています。

以上から，油田開発は増資によって，備蓄は銀行借入によって必要資金を調達しています。

## 【第5章　④機械メーカーの投資採算分析　(p.112)】

投資採算分析に関するケースです。

ケース文中にどの評価方法を使うのかという指定はなかったので，NPV・IRR・回収期間を計算し，総合的に判断します。

まず，各年度のキャッシュフローを計算します。結果は以下のとおりです。

| | 0 | 1 | 2 | 3 | 4 | 5 |
|---|---|---|---|---|---|---|
| 案件A | ▲1,000 | 150 | 210 | 270 | 330 | 640 |
| 案件B | ▲600 | 290 | 230 | 110 | 80 | 220 |

5年目は，以下のように計算します。

案件A：(収入500－費用200)×(1－0.4)＋減価償却150＋売却収入350
－(設備売却額350－帳簿残250)×0.4＝640

案件B：(収入150－費用150)×(1－0.4)＋減価償却80＋売却収入100
－(設備売却額100－帳簿残200)×0.4＝220

案件Bでは，売却損になるので，タックスシールドをプラスにカウントすることに注意してください。

NPV・IRR・回収期間を計算すると，以下のとおりです。

| | IRR | NPV | 回収期間 |
|---|---|---|---|
| 案件A | 14% | 295 | 5 |
| 案件B | 19% | 198 | 3 |

両方とも優良案件ですが，NPVでは案件A，IRRと回収期間では案件Bが優位です。

どちらかを選択するなら，理論的にはNPVが大きい案件Aを選ぶべきですが，不安はあります。案件Aは後半追込み型で，本当に後半の4年目・5年目に大きなキャッシュフローが生まれるのか，精査する必要があります。

とはいえ，（最初に検討すべきことですが）差別化が課題になっている河合工業の状況に合致するのは案件Aのほうであり，案件Aを基本に考えることで良いでしょう。

## 【第6章　⑤化粧品メーカーのリスク管理　(p.137)】

海外事業のリスク管理に関するケースです。

新たに事業を展開するにあたり，リスクを洗い出し，想定しておくことは大切です。

- カントリー・リスク……政情不安や自然災害などのリスク。回避しないとすれば，早めにいろいろな国に進出して分散するのが合理的な対応です。
- 投資リスク……自前で工場を建設するのはリスクが大きいので，現地の協力工場への委託生産を検討します。
- 労務リスク……工場を操業すると，サボタージュやストライキなど従業員関連のリスクがあります。従業員とコミュニケーションを深めるとともに，長期的には経営の現地化を進めます。
- 為替リスク……日本から輸出する際の為替リスクは，オプションや先物で対応できます。長期的には，現地生産が最も有効なリスクヘッジでしょう。
- パートナーのリスク……合弁会社を作ることは，単独で進出する場合に比べてリスク分散になりますが，不適切なパートナーだと逆にリスク要因になります。販売代理店も含めて，事前の調査と定常的な監査が必要です。

## 【第７章　⑥食品スーパーの業績評価　(p.157)】

部門別の業績評価に関するケースです。

ケースではとくに指定はありませんでしたが，バランスト・スコアカードの４つの視点を考慮し，多面的にKPIを抽出します。たとえば，

① 貢献利益……経営効率化，利益責任
② 買上げ点数……積極的な声掛け，楽しい買物
③ 在庫回転率……売れ筋・死に筋の区分
④ 人時生産性（１人１時間当たり売上高）……人員配置の適正化
⑤ リピート率……顧客との関係作り
⑥ 改善提案件数……全員参加の店舗作り
(いずれも前年からの改善率で見るようにします)

## 【第８章　⑦海外投資家からの増配要求　(p.181)】

配当政策について検討するケースです。

日本企業は，森川電機のように，何となく過去の配当水準を継続している企業が多いようですが，自社の状況に合った配当政策を確立する必要があります。

森川電機は，成長企業で今後も資金需要が多いと予想されること，自己資本比率35.1％や固定長期適合率105％など安全性がやや低いことから，従来と同様に，配当を抑えて内部留保を優先することで良いでしょう。

ただ，外部の株主・投資家には，こうした事情がしっかり伝わっていないようです。「伝統的に安定配当だから」では，説明になっていません。どのようなビジョン・戦略で，どのような投資にどれくらいの資金が必要だから，内部留保を優先する，というしっかりとしたロジックの説明が必要です。

# おわりに

本書では，ビジネスリーダーを目指す読者を対象に，会計＆ファイナンスの基本を解説しました。

事業活動は，貸借対照表の右側の負債・自己資本で資金を調達し，左側の資産に運用し，企業価値を高めるプロセスです。そして，調達・運用をどう企画するか，どう評価するかが会計＆ファイナンスに課せられた役割です。本書は，事業プロセスに概ね沿う形で，基礎概念からやや応用的な考え方まで紹介してきました。

一方，限られた紙幅の中で取り上げなかった発展的・専門的なテーマもたくさんあります。今後の学習のために，残された代表的なテーマを紹介しましょう。

会計では，原価計算はとくにメーカーにとって重要なテーマです。最近は，ABC（Activity Based Costing）など新しい技法を導入する企業が増えています。また，法人税などを計算・管理する税務会計は，移転価格税制などのテーマが注目を集めています。

ファイナンスでは，グローバル化に対応した資金管理が重要になっています。また，FinTech（フィンテック，金融：Financeと技術：Technologyの融合）と言われるように，資産運用・資金調達・決済などでAI（Artificial Intelligence：人工知能）や暗号資産といった新技術を取り入れた革新的なサービスが続々と登場しています。

こうした発展的・専門的な領域については，専門書などでさらに学習を深めてください。

よく「この１冊ですべてがわかる！」とうたっているビジネス書があります。しかし，本書は会計＆ファイナンスの基本領域をカバーしているものの，決して１冊ですべてがわかるような魔法の書物ではありません。

会計＆ファイナンスには，本書で触れなかった上記のテーマだけでなく，もっと奥深い世界があります。とくにファイナンスは，1970年代に確立された比較的新しい学問で，今日も日々刻々と進歩しています。

さらに会計&ファイナンスだけでなく，経営戦略・マーケティング・人材マネジメントなどなど，ビジネスリーダーが学ぶべきことは，山のようにあります。

もっと学ぶことがあると聞いて「たいへんだなぁ」と思うか，学んで知識を増やし，能力を高め，より大きな仕事をすることにやりがいを感じるか，人それぞれでしょう。

本書は，会計&ファイナンスというとっつきにくい事がらに興味を持ってもらえるようにと考えながら，記述しました。本書を読み終えて，「もう会計&ファイナンスは勉強しなくていいぞ」ではなく，「よし，もっといろいろなことを学ぼう」という気持ちになっていただけたとすれば，著者にとって最高の喜びです。

# 索　引

## 欧　文



## あ　行



## か　行

## さ 行



## た 行

## な 行



## は 行



## ま 行



## や 行



## ら 行

【著者紹介】

**日沖　健**（ひおき　たけし）

日沖コンサルティング事務所・代表，産業能率大学・講師，中小企業大学校・講師

1965年愛知県生まれ
慶應義塾大学商学部卒，Arthur D. Little 経営大学院修了，MBA with Distinction
日本石油（現・ENEOS）勤務を経て2002年より現職
専門：経営戦略，経営計画，経営人材育成
著書（2016年以降のマネジメント関係）：『できるマネジャーになる！ マネジメントトレーニング77』（産業能率大学出版部，2016），『マネジャーのロジカルな対話術』（すばる舎，2017），『実践トレーニング！ 会計&ファイナンス』（中央経済社，2017），『変革するマネジメント 第2版』（千倉書房，2017），『すぐやる，すぐできる人の実践PDCA』（ぱる出版，2017），『ビジネスで使いこなすためのロジカルコミュニケーション77』（産業能率大学出版部，2017），『スマートチョイス』（産業能率大学出版部，2018），『経営コンサルタントが伝えたい 納得できる良い会社の選び方』（産業能率大学出版部，2019），『PDCA がよくわかる本（図解ポケット）』（秀和システム，2019），『現状認識の方法』（千倉書房，2020），『経営戦略がわかる セオリー&フレームワーク53』（産業能率大学出版部，2021），『リアルな会社の数字が見えてくる，決算書・経営分析』（ぱる出版，2021）など，他に共著・訳書
Eメール：hiokicon@gmail.com

ビジネスリーダーが学んでいる
**会計&ファイナンス〈第2版〉**

2015年3月20日　第1版第1刷発行
2021年9月10日　第1版第9刷発行
2022年6月10日　第2版第1刷発行

著　者　日　沖　健
発行者　山　本　継
発行所　㈱中央経済社
発売元　㈱中央経済グループパブリッシング
〒101-0051　東京都千代田区神田神保町1-31-2
電話　03（3293）3371（編集代表）
03（3293）3381（営業代表）
https://www.chuokeizai.co.jp
印刷／文唱堂印刷㈱
製本／㈲井上製本所



ISBN978-4-502-42961-3　C3034